让名家带我们走近大师

让大师带我们走近真理

感受大师人格魅力

倾听大师思想观点

影响人类历史进程的150位大师

在此与我们相聚

《未名讲坛》——宏大的精神盛宴

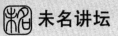 未名讲坛

程曾厚讲雨果

程曾厚 著

图书在版编目(CIP)数据

程曾厚讲雨果/程曾厚著. —北京：北京大学出版社，2008.9
（未名讲坛·文学卷）
ISBN 978-7-301-14276-9

Ⅰ.程… Ⅱ.程… Ⅲ.①雨果，V.(1802~1885) - 生平事迹 ②雨果，V.(1802~1885) - 文学研究 Ⅳ.K835.655.6 I565.064

中国版本图书馆 CIP 数据核字(2008)第 146498 号

书　　名：	程曾厚讲雨果
著作责任者：	程曾厚　著
责 任 编 辑：	魏冬峰
标 准 书 号：	ISBN 978-7-301-14276-9/I·2065
出 版 发 行：	北京大学出版社
地　　址：	北京市海淀区成府路 205 号　100871
网　　址：	http://www.pup.cn
电　　话：	邮购部 62752015　发行部 62750672　编辑部 62752824
	出版部 62754962
电 子 邮 箱：	weidf02@sina.com
印 刷 者：	北京宏伟双华印刷有限公司
经 销 者：	新华书店
	890 毫米×1240 毫米　A5　9 印张　188 千字
	2008 年 9 月第 1 版　2008 年 9 月第 1 次印刷
定　　价：	20.00 元

未经许可，不得以任何方式复制或抄袭本书之部分或全部内容。
版权所有，侵权必究
举报电话：010-62752024　电子邮箱：fd@pup.pku.edu.cn

内 容 简 介

本书主要以20世纪后半期新的视角,介绍法国作家维克多·雨果跌宕起伏的一生和他多方面的文学创作成就。我们既考虑国内对雨果已有的认识,也关注半个世纪以来国外雨果研究新的发展及成果。因为我们目前对雨果的认识仍然有限,所以我们立足于雨果本人的著作和思想,介绍重于研究,文本多于评论。这是我们为初学者准备的入门书,也希望对研究外国文学的专业工作者能有所帮助。我们更希望从《程曾厚讲雨果》里走出来的雨果形象是一个有所更新的形象。

《未名讲坛》序

汤一介[*]

德国哲学家雅斯贝尔斯(1883—1969)曾经提出"轴心时代"的观念。他认为,在公元前500年前后,在希腊、印度、中国和以色列等地几乎同时出现了伟大的思想家,他们都对人类关切的根本问题提出了独到的看法。希腊有苏格拉底、柏拉图,印度有释迦牟尼,中国有老子、孔子,以色列有犹太教的先知们,形成了不同的文化传统。这些文化传统经过两千多年的发展已经成为人类文化的主要精神财富。"人类一直靠轴心时代所产生的思考和创造的一切而生存,每一次新的飞跃都回顾这一时期,并被它重新燃起火焰。"[①]例如,欧洲的文艺复兴就是把目光投向其文化的源头古希腊,使欧洲的文明重新燃起新的光辉,而对世界产生重大影响。中国的宋明理学(新儒学)在经受印度佛教的冲击后,再次回归孔孟,而把中国哲学提高到一个新的水平。各个民族、各个国家的思想家们就是这样代代相传地推动着人类历史文化的发展。

---

[*] 北京大学哲学系教授、博士生导师,中国文化书院创院院长,北京大学哲学系文化研究所名誉所长。

[①] 雅斯贝尔斯:《历史的起源与目标》,华夏出版社1989年版,第14页。

我想，上述雅斯贝尔斯关于"轴心时代"的观念，可以对这套《未名讲坛》丛书的编写有一点重要启示，这就是人类必须不断回顾自己的历史，重温自己的文化传统。人类的历史是由人自身创造的，这中间推动历史前进的伟大的思想大师无疑起着巨大的作用。如果我们能用准确而生动的语言写出这些大师富于启迪性的思想，应该能实现这套《未名讲坛》丛书所希望的"让大师走进大众，让大众了解大师"的宗旨。

司马迁说："居今之世，志古之道，所以自镜者，未必尽同。"我们生活在今天，立志实现自古以来人类的理想，重温自古以来人们走过的历史历程，以此作为我们的借鉴，是非常必要的。因为"历史是一面镜子"，虽然世移事迁，现在和过去不一定都一样，但总可以从古来的大师们的智慧中得到教诲。自古以来可以称得上"大师"的应该是：既能以他的深邃的思想引导人，又能以他的人格魅力吸引人，他们是真、善、美的化身。但是，看看今天我们的社会，不能不承认确实存在着不少问题，也许最为使人们担心的是，由于物欲的驱动，让许多人失去了理想，丢掉了做人的道理，这样下去将是十分危险的。"榜样的力量是无穷的"，这套《未名讲坛》丛书对我们将能起着以"大师"为榜样的作用，使我们在各自的岗位上，不断丰富自己的知识，提高自己的理论思维能力，加强自己的道德修养，为人类社会的福祉做自己力所能及的事。

汤一介
2005年8月8日

昂热达维德的雨果胸像,作于1838年。今存巴黎雨果故居。程曾厚摄影。

雨果故居,巴黎孚日广场6号。程曾厚摄影。

雨果故居三楼的"中国客厅"东侧,中国色彩浓厚。程曾厚摄影。

泽西岛上著名的"流放者岩",离雨果故居"海景台"遗址不远,是流亡者聚会的地方。程曾厚摄影。

英吉利海峡群岛中根西岛上的雨果故居"高城居",现向游人开放。程曾厚摄影。

诺曼底维勒基埃村是雨果大女儿莱奥波特蒂娜丈夫瓦克里的家乡。教堂边是雨果家墓。前方是雨果妻子阿黛尔墓和小女儿墓。后面有大女儿和丈夫的合葬墓。程曾厚摄影。

雨果1871年5月被逐出比利时后,避居卢森堡的边城菲安登,历时四个多月。图为雨果故居里的卧室。程曾厚摄影。

巴黎街头的罗丹作品:《雨果和缪斯》。程曾厚摄影。

目 录

第一讲　雨果的一生
　　——流亡前 …………………………………… 1
第二讲　雨果的一生
　　——流亡中 …………………………………… 26
第三讲　雨果的一生
　　——流亡后 …………………………………… 50
第四讲　雨果的诗歌（上篇）………………………… 73
第五讲　雨果的诗歌（下篇）………………………… 113
第六讲　雨果的小说 ………………………………… 149
第七讲　《悲惨世界》（上篇）……………………… 177
第八讲　《悲惨世界》（下篇）……………………… 201
第九讲　雨果的戏剧 ………………………………… 228
第十讲　评价雨果和研究雨果 ……………………… 255

第一讲

雨果的一生
——流亡前

"**没**有自我,就没有抒情诗。"①理解诗人雨果,必须熟悉雨果的一生。

1802年2月26日,维克多·雨果(Victor Hugo, 1802—1885)出生在法国东部城市贝桑松(Besançon)。雨果的父亲莱奥波特·雨果(Léopold Hugo)是拿破仑麾下的军人,洛林的南锡人,当时是派驻吕内维尔的司令。母亲索菲·特雷布谢(Sophie Trébuchet)是布列塔尼的南特人。两人于1797年结

---

① 让-贝特朗·巴雷尔:《雨果传》,程曾厚译,世纪出版集团/上海人民出版社2007年版,第192页。

婚,育有三个儿子:长子阿贝尔(Abel),次子欧仁(Eugène),维克多是第三个儿子。

  本世纪正好两岁!罗马替代斯巴达①,
  拿破仑脱颖而出,本来只是波拿巴②,
  ……
  这时候在贝桑松,一座西班牙古城,
  有个布列塔尼和洛林的孩子诞生,
  有风刮起,他像颗种子便落地安身……
      《秋叶集》:《本世纪正好两岁……》③

  1802年,法国处于以拿破仑将军为首的执政府时代。法国和周边国家战事频仍。莱奥波特·雨果戎马倥偬,追随未来拿破仑皇帝的兄长约瑟夫·波拿巴转战于意大利和西班牙各地。战争年代,莱奥波特·雨果夫妇聚少离多。索菲·特雷布谢不时拖着三个儿子去和丈夫会合。1802年底,父亲调防,刚刚出生的小雨果和两个哥哥被父亲带往马赛、科西嘉岛和厄尔巴岛。1803年,父亲被擢升为上校,派往意大利担任那不勒斯附近的阿维里诺省省长,索菲带儿子去意大利探亲。1808年,莱奥波特·雨果追随约瑟夫·波拿巴去西班牙,1811年3月,约瑟夫国王力促索菲和孩子们来西班牙和已经是雨果将军的丈夫团聚。

  皇帝所到处,世界跟着他地覆天翻,

---

① "罗马"象征帝制,"斯巴达"代表共和政体。
② 西俗帝王用名。拿破仑·波拿巴于1804年称帝,成为拿破仑皇帝。
③ 《雨果文集》,第8卷,程曾厚译,人民文学出版社2002年版,第135页。

> 威风凛凛的命运,使人人心惊胆战,
> 毫不费力地把我夹走,如狂风呼啸,
> 将我的童年随风在各处颠簸飘摇。
>
> 《秋叶集》:《本世纪正好两岁……》①

从巴黎来马德里,旅程历时三个月,一家人风尘仆仆,在1863年出版的《雨果夫人见证录》里有精彩的介绍。途中,年仅9岁的小维克多第一次遇见让他脸红的小姑娘罗丝。西班牙境内的第一个村庄叫"埃尔那尼"(Ernani),透过马车的车窗玻璃小维克多第一次看到犯人的碎尸挂在树上,在马德里的玛塞拉诺宫中见到第一个中国的花瓶。雨果和二哥欧仁进贵族学校读书。小小年纪,坐在驿车里横贯法国的长途旅行,西班牙色彩对比强烈的生活,都给雨果幼小的心灵留下难忘的回忆。他日后用诗句回忆说:

> 我还不懂事,就在被制伏了的欧洲
> 随着我们得胜的营帐而东奔西走。
>
> 连亲爱的法兰西还牙牙说得不清,
> 我就使异族人闻声丧胆……
>
> 我回来了。我曾在远方的国土游逛,
> 我似乎带回一束迷迷糊糊的闪光。
>
> 《颂歌集》:《我的童年》②

这几年,雨果将军和妻子的关系迅速恶化。分居不是主要原因。夫妇双方的气质不同,又是兵荒马乱的不稳定环境促成的婚姻,加上聚少离多,导致婚姻最

---

① 《雨果文集》,第8卷,第136页。
② 同上书,第55—57页。

后失败。1809年和1812年,索菲带欧仁和维克多两次回巴黎,住在从前是斐扬派修女院的屋子里,那里有一座废弃的花园。雨果出生后对贝桑松没有多少印象。他真正的童年生活是在巴黎度过的。《悲惨世界》里的男主角马吕斯有雨果自己的影子。书中的马吕斯"出生"在巴黎,雨果2岁时随母亲到了巴黎。

斐扬派修女院的童年生活是幸福的,是自由自在的。这是诗人雨果的摇篮,是他一生想象力起飞的地方。

雨果在兵荒马乱里度过童年,定居巴黎后并没有正规中学的学历。他自称有三个老师:

在我满头金发的童年,唉!可惜太短!
有三个老师:母亲,老神甫,一个花园。

《光影集》:《1813年斐扬派修道院纪事》①

母亲呵护着孩子的成长,温柔的母爱滴进孩子幼小的心灵,母亲又是精神导师,保王的思想滴进孩子天真的脑袋。一座小花园,就是他的整个大自然:

园中有花朵开放,就像眼睛在张开,
红色的小甲虫在石头上跑得飞快,
充满嗡嗡声,充满模糊的声响一片。
花园深处像树林,中间就像是农田。

而老神甫,"神甫饱读荷马和塔西佗,博古通今"。我们知道,雨果是勤奋的孩子,基本上是自学成才,但他博闻强记,知识结构扎实,受过良好的人文教育的洗礼。他从小之所以能饱读拉丁文诗歌和历史,还得益

---

① 《雨果文集》,第8卷,第249页。

于一位自己不便提及而更重要的老师：拉奥里将军。他是母亲的情人，因为阴谋推翻拿破仑而被追捕，躲在花园深处的小教堂内。拉奥里经常抱着小雨果在讲述罗马历史之余告诫他说："孩子，自由高于一切啊！"①所以，雨果很小便懂得了流亡的意义。1810 年 12 月 30 日，小雨果亲眼目睹拉奥里在家中用餐时被警察抓走。斐扬派修女院中的另一件美事，是雨果两兄弟在花园里有个美丽的小伙伴阿黛尔。这里隐藏着一段雨果和阿黛尔青梅竹马的故事。

19 世纪初，法国的文学艺术创作开始复苏。诗歌是受人尊敬的文学样式。雨果在母亲的鼓励下，很早开始练习写诗。雨果早熟，而且多产。

雨果 14 岁写成诗体悲剧《伊尔塔梅娜》献给母亲：

> 妈妈，啊！这些习作虽然是都很渺小，
> 　请你要宽厚地看上一眼；
> 妈妈，请你要带着母亲应有的微笑，
> 　把儿子的这些孩子接见！……②

他 1817 年参加图卢兹百花诗社的比赛获奖，颁奖的老诗人弗朗索瓦·德·纳夏多对获奖者的小小年龄大为吃惊。1848 年 1 月 8 日，雨果回忆自己 17 岁时，第一次收到来信，"我在信中被称做'文学家'"③。他 18 岁因为写《贝里公爵之死》这首颂歌，

---

① 参阅莫洛亚：《雨果传》，程曾厚、程干泽译，人民文学出版社 1991 年版，第 48 页。
② 同上书，第 69 页。
③ 巴雷尔：《雨果传》，第 34 页。

感动得年过六旬的国王路易十八老泪纵横,赐下五百法郎的赏金。

传闻夏多勃里昂对少年雨果有"神童"的美誉。雨果很早就表现出是个有志向、有抱负的年轻人。1816年7月10日,雨果14岁,立下豪言壮语:"我要成为夏多勃里昂,否则别无他志。"1817年,雨果在本子上写道:"我十五岁,写得不好,我会写得更好的。"①1818年,雨果写诗《告别童年》,16岁生日前,以诗言志,写下长诗《渴求光荣》,渴望成功的欲望和与命运抗争的决心十分迫切。数十年后,雨果把自己少年时代的"习作"不无骄傲地一棍子打死,把它们说成是"我诞生以前所干的蠢事"②。

雨果当年有少年老成的思想特点,小小年纪,写诗作文,忧国忧民的意识已经初露端倪,16岁时写下洋洋洒洒的《诗人在革命中》。雨果当年崇拜的文学偶像是夏多勃里昂。夏多勃里昂是浪漫主义的先驱之一,既是作家,又是政治家。夏多勃里昂曾创办《保守者报》。雨果和两个哥哥醉心文学,合办刊物《文学保守者》。从1819年12月至1821年3月16个月期间,雨果独挑大梁,先后发表112篇文章和22首诗。年轻人受过的写作技巧训练非常扎实。

雨果20岁出版诗集《颂歌集》的初版《颂诗及其他》。其实,在此以前,他已经实践过各种诗体,独自

---

① 巴雷尔:《雨果传》,第70页。
② *Victor Hugo, Oeuvres Complètes*, Edition chronologique publiée sous la direction de Jean Massin, Le Club Français du Livre, 1967—1970, vol. 17, p.255. 因为本书对这套全集引用较多,以下改用中文注释作:马森主编:《编年版雨果全集》,第17卷,"法国读书俱乐部",1967—1970年,第255页。

偷偷写下上万行的习作。1819年,17岁的雨果,在生病母亲的催促下,一夜之间写成《重建亨利四世雕像颂》,120行的格律诗浩浩荡荡而来,一气呵成:

> 全体人民纪念你,为你树起这铜像……
> 收下每个法国人爱你的崇高表示,
> 亨利,我们铸成的你的铜像,完全是
> 　　寡妇捐一分,孤儿捐一毫。①

天才出于勤奋,雨果是个很好的例证。1821年11月19日,雨果将军给儿子写信泄露"天机",说儿子"是在从吕内维尔到贝桑松的一次旅行中,在孚日山脉的一座最高峰上受胎的"②,以此证明他有凌空出世的天才。小雨果心里明白,成功并非如此轻松。

综观雨果童年时代的种种特点,可以认为:年轻的作者在多方面预示着一个大作家的诞生。但是,要成长为站在历史前沿、引领时代风骚的大作家还欠缺两个条件:一是就思想而言,跟上时代的步伐,改变脚下站立的立场;二是就艺术而言,仅文笔熟练、文字老到还不够,更要有自己鲜明的特色。少年诗人应有尽有,只是没有特色。我们拭目以待。

雨果小时候另一个不容忽视的特点,是在母亲逝世后,度过一段孤苦伶仃、无依无靠的岁月,体验过生活的艰难和人间的辛酸。

> 傍晚,透过半开的家门,有行人看见
> 在一本《圣经》旁边,在空荡荡的床前,

---

① Victor Hugo, *Oeuvres poétiques*, Edition établie et annotée par Pierre Albouy, Bibliothèque de la Pléiade, II, p.311.
② 参阅莫洛亚:《雨果传》,第114页。

> 两个幼小的孩子跪在地上在祈祷。
>
> 《颂歌集》:《外婆》①

小说《悲惨世界》中主人公马吕斯的遭遇重现了雨果的这段经历。这一点,对雨果成年后形成理解、同情、支持穷苦人的社会立场,不是没有意义的。

1822年10月12日,雨果和阿黛尔喜结良缘。从少时青梅竹马、两小无猜,到步入圣苏尔比斯教堂,这一过程艰难而又辛酸。索菲·雨果坚信儿子有光明的前途,生前反对儿子和老同事女儿阿黛尔·富谢的婚事。1821年,母亲逝世,第一道障碍排除。是年7月16日,富谢一家在外地度假,雨果没有乘坐需花费25法郎的驿车,而是头顶烈日,步行60公里,去会见心中的情人,去向未来的岳父求婚。

> 唉!人也在躲避人;常常年龄还幼小,
> 不幸已偷偷溜进高贵、纯洁的心中……
>
> 枉然,他在路途中无人能为他撑腰,
> 人世间无人能为他有欢乐而欢笑,
> 无人能为他流泪而哭泣!
>
> 《颂歌集》:《致谢里济山谷》②

没有职业,没有收入,没有家庭的支持,仅仅靠勇气和决心要说服小康之家的岳父母是不容易的。雨果闯过了这一关。雨果又成功地和已经退休并续弦的雨果将军恢复了正常的父子关系,父亲正式代儿子向老同事富谢求婚。"告别童年"的雨果,"渴求光荣"的雨果,

---

① 《雨果文集》,第8卷,第65页。
② 同上书,第46—47页。

勤奋写作,既写小说,更写诗歌。1822年6月,保王色彩浓厚的《颂诗和杂诗集》出版,作者收益750法郎,又意外地得到国王赐下的1200法郎的年金。这是写作的收获。操办婚事现在有了着落。

新婚之夜,雨果的二哥欧仁狂暴的精神病大肆发作。欧仁比弟弟大两岁,两人一起成长,一起游玩,一起写诗,一般可爱,一般健康,一般爱上阿黛尔。1837年3月5日,在远离巴黎的夏朗东精神病院,欧仁无声无臭地离开人世。雨果对二哥的死一直心怀内疚。①

诗人,既然是上帝要让你无法防守;
既然是上帝高兴以他强劲的大手,
紧紧挤压你的脑袋;
《心声集》:《致雨X子爵欧仁》②

这是雨果的过错吗?同一块土壤发育出两粒健硕的种子,而大自然只允许一棵苗出来,雨果第一个破土而出。

19世纪20年代,法国文艺界浪漫派和古典派的新旧之争,阵营日益明朗,斗争日益激烈。雨果成家之后,为养家糊口孜孜创作的同时,开始把目光转向外面,把精力投向社会。雨果参加期刊《法兰西诗神》的写作活动,参加"兵工厂图书馆"客厅的文人聚会,广交朋友,讨论时局。随着《环球报》的创刊,社会上吹起一阵又一阵自由之风。年轻的诗人虽然密切关注这一场争论,但并不急于表态。这是雨果的成熟,也是他

---

① 参阅莫洛亚:《雨果传》,第345页。
② Victor Hugo, *Oeuvres poétiques*, Edition établie par Pierre Albouy, Bibliothèque de la Pléiade, I, p.997.

的老练。

随着父子关系的恢复,母亲教导的暴君拿破仑的形象在雨果心里淡化,而开始出现民族英雄拿破仑的光环。雨果通过自己的创作,尤其是戏剧创作,逐渐发现,艺术创作的自由和社会生活的自由是息息相通的。自由主义的立场开始替代保王派的立场。

1827年,雨果25岁,写成一部篇幅长得难以搬上舞台的戏剧《克伦威尔》(Cromwell),紧接着写出一篇洋洋洒洒的长序,序文喧宾夺主,被尊为浪漫主义的宣言书。雨果一夜之间成为浪漫主义运动的青年领袖。《〈克伦威尔〉序》(简称《序》)观点之新颖和大胆,行文之激烈和雄辩,同时代人的感受远比我们今天深切。《序》向一切权威挑战的咄咄逼人的气势,是青年人不满旧传统、争取新秩序的精神写照:"艺术不会指望平庸。艺术对平庸无所要求,不知平庸为何物,平庸对艺术是不存在的。艺术给的是翅膀,而不是拐杖。"①

《序》提出:人类历史可分为三个时期,每个时期对应一种诗体。远古是"抒情时代",产生颂歌;古代是"史诗时代",而近代是"正剧时代",可以以莎士比亚为代表。《序》针对古典主义的教条,提出四条新的原则:一是"滑稽"和"崇高"并存,反映完整的人;二是取消"三一律",废除时间的一致和地点的一致,只保留情节的一致;三是强调"地方色彩";四是提倡艺术自由,反对模仿。

雨果不是第一个倡导浪漫主义的人,早在1823年,斯丹达尔出版《拉辛与莎士比亚》;以后,诗人维尼

---

① 《雨果文集》,第11卷,第36页。

于1829年发表《关于艺术中真实性的思考》。但是,一场历史运动只有一篇历史性的宣言。《〈克伦威尔〉序》立场鲜明,气势磅礴,文采华丽,旁征博引。作家戈蒂耶说:"《〈克伦威尔〉序》在我们眼前像西奈山上的'摩西十诫'一般闪闪发光。"①时至今日,《〈克伦威尔〉序》仍然是法国文学史上公认的"美文",是法语散文的典范作品。

  雨果精力充沛,很早便诗歌、小说和戏剧三管齐下。1829年出版的诗集《东方集》,是显示其艺术技巧的杰作,把节奏和诗韵摆弄到出神入化的境地。诗人不仅诗中有画,还步英国诗人拜伦之后尘,支持希腊的民族解放斗争。雨果接近而立之年。1830年2月25日,剧本《埃尔那尼》在法兰西剧院首演成功,把古典主义从统治将近二百年的舞台上赶下来,在社会上掀起轩然大波,确立浪漫主义在法国的胜利。1831年3月,勤奋的雨果出版历史小说《巴黎圣母院》。1831年11月,诗集《秋叶集》问世。这是一册抒情诗集,温情脉脉,多愁善感。诗人提出自己是"响亮的回声",不仅关心家事,也关心国事和天下事。雨果的努力,雨果的活力,令同时代人侧目。雨果作为浪漫主义大师的地位牢固地确立了。

  雨果的成绩,有目共睹,客观存在,这也会招来非议和责难。雨果的思想和言论,雨果的活动和著作,使诗人经常成为舆论关注的中心。这可能是好事,但也不尽然如此。2008年2月,我在法国"大学校际雨果

---

① P. Grosclaude: Victor Hugo, *Préface de « Cromwell »*, Librairie Larousse, 1949, p.16.

研究会"的会议纪要上看到一份材料:从1833年10月24日到11月6日,共15个平淡无奇的日子,期间雨果没有任何作品出版,而近时两位雨果研究专家:伊夫琳·布鲁尔(Evelyn Blewer)和尼科尔·萨维(Nicole Savy)却查阅到同时期有60多篇文章和报道出现在巴黎40多种刊物和报纸上。雨果很早就成为公众人物,而对公众人物,当然会有褒有贬。

此时,雨果已经是争取文学自由的自由派。保王党的思想已经远去了。

30年代初,雨果靠一支笔,有了成就,有了声誉,也多少有了点钱财。1832年10月8日,雨果一家迁入高级住宅区的"王家广场"(Place Royale)(今孚日广场,Place des Vosges)六号。祸兮福所倚,福兮祸所伏。30年代,也是雨果个人生活发生重大转折的时期。正当雨果全身心投入文学斗争,整天为排演《埃尔那尼》在法兰西剧院和守旧的大牌演员交手,对自己家事无暇顾及的时候,后院空虚。其貌不扬的评论家圣伯夫乘虚而入。

雨果和阿黛尔从小青梅竹马。两人书信往来,身后辑成一册《写给未婚妻的信》存世。雨果当年是富于激情的情郎,"贞洁得要命"①,情郎在情诗中把阿黛尔理想化。阿黛尔却很清醒,早就坦言说:"我根本不像天使,你应当把这个想法从头脑中去掉。我可是个地上的凡人。"②1830年,雨果的事业如日中天。天才的缺点之一,是以为人人都能像天才一般生活。圣伯

---

① 莫洛亚:《雨果传》,第129页。
② 同上书,第120页。

夫上门来阿黛尔表示关心,阿黛尔接受了。不久,两人的关系越出了友谊的界限。雨果一边品尝文学胜利的甜美果实,一边咀嚼家庭生活的苦果。

雨果的反应,天才的反应,竟然是大度得令人难以置信。雨果请阿黛尔在两个男人之间做出抉择。圣伯夫可是连自己都养不活的作家。最后,雨果维持了一个表面上的幸福家庭。而圣伯夫却又写诗,又作文,把自己说成是个受害者。一些严肃的传记认为这个问题不在文学研究的范围以内,我们也从简从略。但是,我们知道,1885年11月29日,在雨果逝世半年以后,在巴黎费内龙街十三号,凌晨一点钟,六个男人把334封信投入壁炉的火中销毁,然后一一签字确认。这是由圣伯夫的继承人提供的阿黛尔·雨果写给圣伯夫的全部书信。六个男人中,有保尔·默里斯和奥古斯特·瓦克里,两人都是雨果生前的门生和遗嘱执行人。理由是书信内容可能损害大师的声誉,避圣者讳。①

雨果三十而立,是四个孩子的父亲:莱奥波特蒂娜、夏尔、弗朗索瓦-维克多和小阿黛尔。妻子告诉丈夫,她不想再要孩子了,和丈夫不再同房,事实上把自由还给了丈夫。② 1832年,雨果在一次舞会上见到26岁的美丽女演员朱丽叶·德鲁埃(Juliette Drouet)。1833年2月16日,这是雨果生命中神圣的一天,他开始了和朱丽叶长达50年的人间爱情。1833年2月16日,这也是《悲惨世界》里男女主人公马吕斯和珂赛特

---

① Maurice. Dessemond: *Victor Hugo*, Genève, Georges NAEF, 2002, p.24.

② 巴雷尔:《雨果传》,第110页。

结婚的日子。

朱丽叶有过一段难以启口的往事,一旦爱上雨果,便一往情深,把爱情视为宗教,历50年而不褪色。雨果给好友帕维写道:"我从来没有像今年犯下这么多错误,而我又从来没有比现在更优秀。我现在比你为之可惜的'贞洁'年代更有价值。从前,我贞洁,现在,我宽容。上帝知道,这是很大的进步。"①虽然以后两人也好事多磨,甚至跌宕起伏,但雨果是享受这50年专一爱情的幸福男人。朱丽叶想借助雨果的力量,在舞台上施展抱负。雨果1838年在文艺复兴剧院上演诗剧《吕伊·布拉斯》,和剧院经理商定由朱丽叶出演王后一角。阿黛尔出于妒忌的心理,乘丈夫外出,给剧院经理写密信:"我丈夫关心这位女子,帮忙让她进你的剧院,这再好不过;但要是这会影响一部出色作品的成功,那我是无法接受的……"②阿黛尔的密信断送了朱丽叶自力更生的最后希望。从此,雨果靠手中的一支笔,要维持两个家庭的开销。

30年代后,浪漫主义在包括法国空想社会主义在内的多重思潮影响下,出现了关心社会问题的倾向。拉马丁一马当先,1831年写《革命颂》,呼吁顺应历史进程,提出诗歌和社会同行,诗歌的灵感扩大了。维尼在创作里也有新的变化。拉马丁继而开创诗人从政的先例,1832年当选议员。诗人雨果面向社会进步,关心人民疾苦的步子更大也更快。雨果在抒发个人情怀的《秋叶集》的最后一首诗的最后一行写道:"我把青

---

① 莫洛亚:《雨果传》,第288页。
② 同上书,第362—363页。

铜的琴弦添加上我的诗琴!"以此证明诗人是"世纪的儿子",是时代"响亮的回声"。

1830年"七月革命"爆发,诗人走上街头。10天后的8月上旬,雨果写出长诗《一八三〇年七月后述怀》,为推翻扼杀自由的封建王朝欢呼,成为1835年《暮歌集》的开篇之作,给《暮歌集》刻上政治诗的烙印。第二首《颂歌》接着歌颂"七月革命"中牺牲的英雄:"他们都是为祖国虔诚死去的同胞,/有权让群众来到他们灵柩前祈祷。"

1840年出版的《光影集》,首篇是《诗人的职责》,提出诗人具有不可推诿的引导人民前进的使命:

> 诗人当此亵渎的时光,
> 来为美好的岁月铺路。
> 诗人对于乌托邦向往;
> 脚站在此地,眼望别处。
> 诗人应该和先知相仿,
> 任何时代,在人人头上,
> 用他的手,把一切主宰,
> 不问对他颂扬或辱骂,
> 如他手中挥舞的火把,
> 把未来点亮,大放光彩![1]

诗人批评对社会责任漠不关心的人:"思想家如果放弃责任,/独自走出城市的大门,/成为无用的歌手,可耻!"

---

[1] 《雨果文集》,第8卷,第236页。

与此同时,我们也看到:七月王朝对雨果表示出友善的态度,雨果也谨慎地处理好和新王朝的个人关系,虽然雨果1833年提出警告:

> 权贵们!我们最好把某些伤口包扎,
> 沉思的哲人此刻正为之感到害怕;
> 最好是撑住地下通往上面的楼梯,
> 最好是减少绞架,扩大工场的场地,
> 最好是想想孩子没有面包和阳光,
> 对忧伤、不信神的穷人还他以天堂,
> 不是点亮华丽的吊灯,也不是夜间
> 让疯子们围着一点声音彻夜不眠!
>
> 《暮歌集》:《市政厅舞会有感》①

雨果应邀参加王太子的婚礼,王妃是位德国姑娘,当着诗人的面背诵雨果的诗句。② 雨果是她崇拜的诗人。雨果不仅和王太子奥尔良公爵夫妇时有往来,成为出入宫廷的社会名流,和国王路易-菲利浦本人也不无私交。1839年5月12日,革命家阿尔芒·巴尔贝斯(Armand Barbès)攻打国家监狱失败,7月12日被判处死刑。是日半夜,雨果写下四句诗,请求国王赦免阿尔芒:

> 为了这如同芦苇温柔、脆弱的王孙,
> 为了你如同白鸽一般飞逝的天使,
> 再一次开恩!请以坟墓的名义开恩!

---

① 《雨果文集》,第8卷,第203页。
② 参见莫洛亚:《雨果传》,第349—350页。

开恩,以摇篮的名义!

《光影集》:《1839年7月12日判决死刑后致国王路易-菲利浦》①

雨果并不认识巴尔贝斯,但四句诗从刀下救人一命。

1841年,雨果经过努力,继拉马丁之后,入选法兰西学士院,成为40名"不朽者"之一。6月3日,新院士发表演说,表露了自己的政治抱负。1842年,雨果在一部非政治作品、游记《莱茵河》后加上一篇很长的政论文:主张莱茵河两岸的法国和德国联合起来。这个有意从政的信息虽然有点隐蔽,却很重要。

此时,雨果已经是个关注人民疾苦的自由派,是个引人注目的社会名流。

19世纪40年代,是法国社会大动荡的十年,也是雨果个人生活大动荡的10年。

在个人生活层面上,打击接踵而来。1843年3月,雨果精心创作的诗体历史剧《城堡卫戍官》上演失败,雨果从此告别舞台。从《埃尔那尼》的凯旋,到《城堡卫戍官》的被嘘,前后不过13年时间。同年9月,雨果和朱丽叶外出做一年一度的旅行时,途中传来长女莱奥波特蒂娜和新婚夫婿在塞纳河双双溺毙的消息。爱女的意外死亡,给诗人带来万分沉重的打击。

雨果颓唐之极,难以接受命运的残酷安排。1845年4月13日,国王路易-菲利浦任命雨果为法兰西世卿(pair de France),这是相当于贵族院议员的官方荣

---

① *Victor Hugo, Oeuvrs Complètes*, sous la direction de Jacques Seebacher assisté de Guy Rosa, par le Groupe inter-universitaire de Travail sur Victor Hugo, Robert Laffont, «Bouquins», Poésie, I, p. 1037. 因本书对这套全集引用较多,以下改用中文注释作:塞巴谢主编:《雨果全集》,第1卷,"诗歌卷",第1037页。

誉。两个半月后的7月5日，雨果和莱奥妮·比阿尔（Léonie Biard）被其丈夫当场捉奸。法兰西世卿颜面扫地，但享受"不可侵犯权"。朋友们为之掩面而笑，而敌人则放声大笑。雨果还能站得起来吗？

整个40年代，多产的雨果在《城堡卫戍官》失败后，没有发表任何作品，没有诗歌，没有小说，没有戏剧，什么都没有。

雨果在贵族院的讲坛上发言。用诗句、剧本和小说表述思想是一回事，站在讲坛上发表观点，是另一回事。雨果是新手，总的来说，雨果不谙此道，从职业政治家的标准看，这位新手的水平不高，甚至不无笨拙之处。雨果在贵族院没有做过重要和精彩的发言。这使贵族院的老头们放心了。1847年6月14日，他支持让拿破仑在国外的家族返回法国，在贵族院慷慨陈词，颂扬拿破仑"是一位伟人在强盛与光荣方面能带给一个伟大民族的最丰盛的妆奁……"①

朱丽叶结束旧生活时，留下巨额的债务，几乎让惯于精打细算过日子的雨果不敢相信。诗人发下狠心，全部收下，悉数偿还。雨果强加给朱丽叶一个苛刻的要求：深居简出，不与外界往来。从此，朱丽叶只为自己的天才情人一个人而活着。可怜的朱丽叶名花不见阳光，开始未老先衰。1845年，雨果43岁，她自己才39岁。她在日复一日的情书中向雨果抱怨："上帝干吗在给我一头银发的同时，却对你慷慨地赐予满头的黑发和旺盛的青春呢？"②雨果的社交活动增多，应酬增多。一些传记作者认为，这位名流的生活有点颓

---

① 莫洛亚著：《雨果传》，第420页。
② 同上书，第412—413页。

唐,显出好色和追求刺激的倾向。

作家雨果还有精力和灵感创作和沉思吗?诗人雨果已经把《诗人的职责》遗忘干净了吗?我们以后才知道,这只是表面的沉寂。不论顺境或逆境,雨果晚上都没有放下自己的笔。他每年都写悼念女儿的诗篇,以后收入《静观集》,成为《静观集》里最为人称道的抒情诗。他开始试写史诗故事,成为以后《历代传说集》的篇章。1845 年 11 月,新任命的法兰西世卿进入贵族院仅仅半年,在闹得沸沸扬扬的捉奸事件后仅仅四个月,这个忙于应酬的社会名流居然能坐下来,偷偷地在写一部当时名为《贫困》的小说,这就是 17 年后出版并轰动世界的《悲惨世界》。也是在 40 年代,作家雨果有时躲在阁楼上拿起画笔,在纸上挥洒形象,以另一种方式表达自己。雨果不是容易被压垮、被打倒的作家,雨果的灵魂深处仍然是诗人。

1848 年,席卷欧洲的革命风暴从法国刮起。"二月革命"猛然来临,推翻了路易-菲利浦的金融王朝。雨果的习惯,走上街头,来到协和广场。他对重大事件,只相信自己的眼睛。24 日,有人告诉他,议会解散,国王退位,由奥尔良公爵夫人摄政。雨果正中下怀,奥尔良公爵夫人不是他的诗歌崇拜者吗?他认为成立共和国的时机没有成熟。第二天,雨果跑去巴士底广场,巴士底广场是巴黎群众集会的广场。任何人到这儿来是要有点勇气的。雨果宣布路易-菲利浦的儿媳奥尔良公爵夫人摄政,但他的宣讲不受群众欢迎。他援用英国维多利亚女王的例子,更是受到嘘叫。这恐怕是雨果作为政治家,做得最不合时宜的事情。相反,诗人拉马丁顺应时代的潮流,宣布赞成共和国。雨果喜欢喧闹的人群,他第二天去市政厅广场,受到拉马丁和临时政府的欢迎。但雨果说话谨慎,不无茫然。他还不是共和派,他跟在时代步伐的后面。

雨果在1848年4月的选举中,以六万张选票落选。

雨果精神疲惫,4月11日,写下《我到了,我见了,我活过了》:

> 我从来没有拒绝我在尘世的任务。
> 我的来历?请看吧。我的花束?请收下。
> 我微笑着生活时温和得无以复加,
> 我巍然屹立,我只屈从神圣的事物。
>
> 我鞠躬尽瘁,尽力而为,熬红了眼睛,
> 我经常看到别人在讪笑我的苦恼。
> 我受过许多痛苦,我有过不少辛劳,
> 还是仇恨的对象,真使我感到吃惊。……
>
> 百无聊赖的时候,我宁可无所事事,
> 也不屑回答那些妒忌、诽谤的小人。
> 唉!主啊!请你给我打开长夜的大门,
> 就让我从此离去,就让我从此消失!①

雨果跌到了人生的低谷,如此低沉的诗句,对雨果来说是很少见的。

5月26日,他在《维克多·雨果告同胞书》中提到不要砍倒共和国的三色旗。6月补充选举,他以八万票当选巴黎市的议员。"但他在议会里不属于任何派

---

① 《雨果文集》,第9卷,第470页。

别,因此没有什么权威。"①6月,贫困和愤慨又触发了一场暴动。局势变得混乱。要制止民众的暴力,更要防止有人借机对人民进行血淋淋的暴力镇压。这几天,雨果说了什么,雨果做了什么,连一向有事必录的他也没有日记留下。莫洛亚的《雨果传》说:"雨果是为数极少的几个代表之一,毫不畏怯地跑到街垒前去宣读法令。……他手无寸铁地跑到马路中间,亲自对叛乱者们进行工作,规劝他们投降。"②

如果历史出现细微意外,一颗子弹稍稍偏差,雨果会在街垒上倒下。是年,雨果46岁。历史将会记下雨果是一个杰出的浪漫主义诗人,功成名就的作家,是七月王朝的社会名流,但关心民间疾苦,在街垒上执行公务时牺牲,是历史的有功之臣。幸好,历史没有出现意外。

在乱哄哄的形势下,有人冲进雨果在王家广场的住宅。雨果被迫搬家,离开舒适的王家广场。7月,在雨果的支持下,《时事报》(*L'Evénement*)创办,口号是"恨无政府主义深恶痛绝,爱人民情深意切"。雨果日后在一则《我在一八四八年》的笔记中写道:"自由派,社会主义者,忠于人民,还不是共和派,对大革命还有一大堆成见,但却憎恨戒严,憎恶不加审判的放逐,憎恶卡芬雅克(Cavaignac)和他虚假的军事共和国。"③

雨果反对卡芬雅克的军事镇压和独裁,又眼看拉马丁无望当选总统,在随后的总统选举中把目光投向

---

① 莫洛亚:《雨果传》,第438页。
② 同上书,第440页。
③ 塞巴谢主编:《雨果全集》,"海洋卷",第288页。

了当时默默无闻的路易-拿破仑·波拿巴。一些反对雨果的人,会在这个问题上批评或责难雨果。此人是拿破仑弟弟的儿子,长期在国外流亡,写过一本《消除赤贫》的书。1848 年 2 月革命后回国,立即投身政治,自称是"赞成自由、民主的人"。他经人引荐来拜访雨果,表示要"以华盛顿"为楷模,要做"善良的公民"。雨果是拿破仑史诗的缔造者,也有意对皇帝的自由派后裔发挥一些影响。接着,雨果和《时事报》改变态度,加入了支持亲王竞选总统的行列。有人认为雨果和他在做交易,雨果在 1860 年到 1865 年的手记里写道:"谣言在流传:维克多·雨果想当部长。"①雨果的头脑是清醒的。对于有人声称雨果要求得到一个部长职位,没有到手,一气之下倒向反对派的说法,传记作者莫洛亚引证雨果的手记:"对此,我只有一句话作答:在我和路易·波拿巴先生的关系中,在我与他之间、或是与任何以他名义讲话的人之间,从未有过任何问题……我倒要看看谁能拿出一丝一毫与此相反的证据……"莫洛亚书中的结论:"没有人拿出过这种证据,连一丝一毫也没有。"②

1848 年 12 月 20 日,卡芬雅克将军以 150 万票落选,路易-拿破仑·波拿巴以 550 万票当选法兰西第二共和国总统,任期四年。亲王总统很快在一系列内政和外交政策上露出蓄谋已久的野心,和真正的共和派逐步分道扬镳。雨果在立宪会议上就各种社会问题,认认真真组织自己的观点,准备发言。他谈社会贫困

---

① 塞巴谢主编:《雨果全集》,"海洋卷",第 283 页。
② 莫洛亚:《雨果传》,第 458 页。

问题,谈教育自由问题,谈普选问题,谈新闻自由问题。他先在议会里就政府的现行政策,完成了和右派的决裂。如果说拉马丁是在共和思想高涨的1843年投身左派,雨果却是在共和思想消退的1849年转成左派。雨果坐在右派议席上发言,却得到左派议席的掌声。

雨果确切的从政时间,不过五六年。从贵族院开始,到立法会议为止。纵观雨果作为政治家的思想和发言,他最关心的是国内的社会问题,他维护人权,维护妇女和儿童的权利,争取新闻自由。同时,雨果主持巴黎"和平代表大会",反对战争,支持民族独立,明确提出欧洲国家联合起来,仿照"美利坚合众国"的联邦国家制度,成立"欧罗巴合众国"。

雨果很早就对死刑和与此相关的问题感兴趣,雨果研究死刑问题,访问苦刑犯监狱;雨果很早察访人民的赤贫现象,参观北部城市利尔穷人居住的地窖,取得19世纪作家对社会贫困所能掌握的第一手材料。雨果是19世纪法国作家中对"贫困"见得最多的人,也是对"贫困"思考得最多的人。《悲惨世界》的初稿《贫困》就是在这段时间酝酿成熟,并开始创作的,这不是偶然的事情。《贫困》于1845年11月17日动笔,作家全力以赴,但由于1848年革命爆发,写作被迫中断。

雨果在从政过程中,还有一个特点值得注意,这就是在今天看来他具有新闻记者的兴趣和敏锐。只要巴黎街头有事,只要巴黎民众上街,不论是起义,是暴动,雨果的第一个反应是走出去,街上总会有雨果的身影。1830年的"七月革命",1848年的"二月革命",

1848年的"六月起义",1851年亲王总统发动的流血政变,雨果都在街上。作家的眼睛在观察,作家的头脑在思考。

政治形势发展之快,超乎想象。时间到了1851年,按照1848年的宪法规定,总统任期到1852年5月结束,不得重新参选和连任。右派发动攻势,谋求修改宪法,以方便总统继续掌权。社会上,议会里,一场维护宪法和修改宪法的斗争展开了。雨果是坚定的反对修宪派。7月17日,雨果在立宪会议上作长篇发言,历时三个小时。雨果的发言,是左派和右派的彻底决裂,是雨果和亲王总统的彻底决裂。我国以前的雨果研究,对这次发言重视不够,现在已经有了完整的中译文。① 雨果的发言,达到他一生思想发展的新高度,完成了他政治立场的根本转变。

雨果面对疯狂叫喊的反动派,撕下阴谋家的假面具,在议会大厅里,公然点名当朝总统是"拿破仑小人"(Napoléon-le-Petit)。马克思著作《路易·波拿巴的雾月十八日》中译本里,把"拿破仑小人"翻译成"小拿破仑",这是不确切的,国内以后相沿成习,至今没有得到应有的更正。"拿破仑小人"这个提法,是法国作家雨果的一大发明,用来和"拿破仑大帝"相对立。"大帝"在语法上是没有对应的反义词的。以"拿破仑小人"对应"拿破仑大帝",是雨果的创新,是雨果的发明,极尽嘲弄和讽刺之能事的创新发明,是艺术和政治完美结合的创新发明。这是道德意义上的尖锐对立,不是辈分的长幼有别。在雨果长达三小时的发言期

---

① 《雨果文集》,第11卷,第230—270页。

间,议会大厅里一片狂叫怒骂,乱成一片。雨果的发言,今天有文字记录可以查看,但发言激发的会场气氛,如果我们记得小说《笑面人》里"笑面人"格温普兰在议会一片令人窒息的讪笑声中发表演说的场景,那么我们可以对当时的场面想象一二。

"拿破仑大帝之后,我不要拿破仑小人!"[①]雨果这样说,要有极大的政治勇气,也要准备付出沉重的代价。历史把雨果逼上了和第二帝国对抗到底的路上,这是他后半生海外的流亡之路,一条远离人世的寂寞之路,一条可能有去无归的死路。雨果当时没有看错:"不应该让法国处于出其不意的境地,一天早上,糊里糊涂地有了个皇帝!"[②]雨果的预言多么正确。

---

① 《雨果文集》,第11卷,第261页。
② 同上书,第257页。

第二讲

雨果的一生
——流亡中

1851 年12月2日,"一天早上",亲王总统的流血政变发生了,法国接着果然"糊里糊涂地有了个皇帝!"这时,距雨果7月17日的预言仅仅三个半月的时间。共和派没有准备,人民没有起来,无法组织有效的抵抗。3日,雨果写了《告人民书》,雨果的战友博丹在街垒上被打死;4日,大屠杀开始。从2日政变开始,到11日雨果携带假护照出逃比利时,前后10天,雨果在哪儿,雨果做了什么,雨果写了什么,雨果说了什么,历史留下的记载很少。

2006年,热拉尔·普香(Gérard Pouchain)编辑出版《朱丽叶·德鲁埃回忆录》(Juliette Drouet,

Souvenirs 1843—1854)①内有一篇《政变日记》(Journal du coup d'Etat),折合中文近四万字,近乎逐日逐时地记述了雨果在政变后最初几天的日日夜夜。朱丽叶的日记不是为出版写的,也不是为后人写的,所以一个半世纪后才从故纸堆里翻出来,更为可信,更为可贵。雨果夫人抱病,和女儿躲在家里。大儿子夏尔和小儿子弗朗索瓦-维克多在狱中坐牢。这时候,是头发灰白的情人朱丽叶,冒着生命危险,像天使一样,时刻护佑着提着脑袋从事秘密活动的雨果。也是朱丽叶在最后关头,设法弄到一张假护照,躲过警察的监视,把雨果护送出国。接着,朱丽叶带着一大箱雨果的手稿,到布鲁塞尔和雨果会合。1860年,雨果在手记里回忆道:"如果我被捕,枪杀我的命令在1851年12月的日子里早已经下达。……我之所以未给抓走,因而免遭枪杀,我之所以此时此刻还活在人间,都应当归功于朱丽叶·德鲁埃夫人。她不惜自己的自由和生命,使我免遭任何不测。她是怀着何等的智慧,何等的热忱,何等英勇的大无畏气概,不断地照料着我,为我找到了安全的栖身之地,上帝知道,上帝会报答她的!她时刻准备着,黑夜和白天一样,在巴黎的街道上穿过夜幕独自徘徊,蒙骗哨兵,追踪间谍,在枪林弹雨下无畏地经过各条大街,总能猜得到我在的地方,只要是救我的命,她总能找得到我。对她已经签下逮捕证,而她今天对流亡一片忠诚。她不愿意别人说起这些事情,可这应该让大家知道。"②雨果后半生的生命,后半生的作品,没

---

① Des Femmes-Antoinette Fouque, Paris, 2006.
② 马森主编:《编年版雨果全集》,第10卷,第1534页。

有朱丽叶的奉献,没有朱丽叶的献身,都会是一句空话。

雨果对流亡者下过一个定义:"一个完全破产、只剩荣誉的人,一个被剥夺干净、只剩良心的人,一个彻底孤立、身边只有公道的人,一个人人摇头、只与真理为伍的人,一个被投入黑夜、只剩太阳的人,这就是一个流亡者。"①

早在《暮歌集》中的长诗《拿破仑二世》里,雨果对被英国流放在大西洋圣赫勒拿岛上的一代天骄拿破仑,充满无限同情:

不要流放任何人!噢!流放多么肮脏!②

雨果深信:政治流放是不道德的事情。但是,20年后,年近半百的雨果自己也走上了流亡的道路。法国历史的发展,雨果思想的演变,把雨果逼上坚定的共和派立场。雨果住在布鲁塞尔市政厅广场避难。多年的政治理想成为泡影,雨果痛定思痛,于1852年4月15日,在客居的寓所用拉丁文写下血书:"我相信上帝,我相信人民,我相信法兰西。"③

6月14日,雨果开始撰写抨击性抒情散文《拿破仑小人》,一鼓作气,7月12日完稿。随着《拿破仑小人》的即将出版,他在比利时的避难生活不得不告一段落,否则会招致法国对比利时政府的报复。8月1日,雨果从比利时的安特卫普港起程去英国。雨果在慌乱中离开祖国,而告别欧洲大陆的心情是凄凉的。

---

① 塞巴谢主编:《雨果全集》,"政治卷",第398页。
② 《雨果文集》,第8卷,第198页。
③ 塞巴谢主编:《雨果全集》,"海洋卷",第270页。

患难识知己,雨果对特意从法国赶来送行的大仲马感到分外亲切,也分外感激。为此,雨果在《静观集》里,借《致大仲马》一诗,记下了当日的情景:

> 朋友,我从未忘怀安特卫普的码头,
> 勇敢的人群都是立场坚定的朋友,
> 一个个主持公道,还有你,还有大家。
> 轮船在浪里颠簸,把船上小艇放下,
> 开过来接我,于是,彼此长时间拥抱。
> 邮船点火,我登上船前的甲板高高,
> 叶轮转动,劈风斩浪,我们互道珍重,
> 彼此告别,于是浪花翻腾,波涛汹涌,
> 码头上站的是你,甲板上站的是我,
> 两把诗琴在颤动,彼此在声声应和,
> 我们俩注目对视,仿佛灵魂在交流,
> 一直看到最后还能看得见的时候;
> 大船飞快地离去,大陆在越变越小;
> 你我之间,地平线扩大,而万物烟消;
> 海雾茫茫,把一望无际的波涛盖住……①

雨果对伦敦法国流亡者之间的内部纷争感到痛心,也感到厌恶。8月5日,雨果离开英国本土,中午12点半,由长子夏尔陪同,在英吉利海峡群岛中泽西岛(Jersey)的首府圣赫里尔(Saint-Hélier)上岸,和先期到达的妻子和女儿会合,开始他漫长的流亡生活。第二天,情人朱丽叶到达。8月17日,次子弗朗索瓦-维克多从巴黎来到泽西岛。全家住在海边一幢叫

---

① 《雨果文集》,第9卷,第515—516页。

海景台(Marine-Terrace)的大房子里。是日,在英国伦敦印刷的《拿破仑小人》在比利时布鲁塞尔问世。雨果选择泽西岛,是因为小岛居民讲法语,又在法国海边。

流亡者的生活是一无所有的生活。一切都从零开始,从绝对的零开始。雨果一家五口,自己年已半百,妻子阿黛尔49岁,长子夏尔26岁,次子弗朗索瓦-维克多24岁,小女儿阿黛尔也22岁了。好在海景台的房租"十分低廉,每年一千五百法郎"①。

雨果自己算过一笔账:"这位流亡者曾经拥有的全部财产,仅仅剩下七千五百法郎的年收入。过去每年为他带来六万法郎的戏剧收入被取消了。他的家具被匆匆拍卖,所得不足一万三千法郎。他有九个人要他养活。"②所谓"九个人",是指雨果还要负担景况比他更窘迫的流亡者。雨果全家在泽西岛上度过了四年又两个月的时间。

雨果朝夕和大海相处,时刻和大自然相亲。他发现泽西岛居然是座鲜花烂漫的小岛,心情逐渐恢复平和。他摆脱流亡者之间纠缠不清的理论纷争,埋头创作。继《拿破仑小人》之后,诗人首先写的是讽刺诗集《惩罚集》。《惩罚集》出版后,雨果整理抒情诗旧稿,增加新篇,筹备出版《静观集》。对作家而言,创作的生活才是幸福的生活。

在海景台的生活期间,有两件事情值得一提。其

---

① 雨果:《流亡是什么?》,见塞巴谢主编:《雨果全集》,"政治卷",第412页。
② 同上。

一,是雨果的两个儿子,夏尔和弗朗索瓦-维克多,对欧洲新时尚的摄影艺术产生兴趣,他们在海景台布置了一间"暗房"。雨果对摄影很有好感,成为文学史上早期留下大量照片的作家。陪同雨果流亡的朋友奥古斯特·瓦克里也加入他们的队伍。泽西岛海景台的摄影棚为后世留下了数以百计老式的达格雷式照片(daguerréotype)。今天,这些底片保存在巴黎奥尔赛美术馆的库房里。1998年,奥尔赛美术馆和雨果故居纪念馆联合举办大型"雨果流亡摄影展",展览名为"和阳光合作"。

其二,是所谓的"灵桌"(tables parlantes ou tables tournantes)问题。"灵桌"指凡人借助会动的桌子和彼岸世界交流信息。1853年9月6日,老朋友吉拉尔丹夫人(Mme de Girardin)从巴黎来泽西岛拜访雨果,带来巴黎的时髦玩意儿"灵桌",借助桌子和亲人的灵魂对话。雨果先持怀疑态度,随着亡女莱奥波特蒂娜的显灵,全家震惊,深信不疑。前后将近两年时间,灵桌是海景台的主要消遣,灵桌的启示对雨果的思想发展和哲理诗创作产生影响。

雨果和灵桌"对话"的本意,只是和女儿的亡灵交流,但是"对话"的对象很快增加,"对话"的范围很快扩大,成为诗人和冥界有关生死轮回、宇宙起源的宗教哲理大讨论。雨果在1854年9月19日手记中,得出十分惊人的结论:"我仅仅通过沉思,已经掌握今天灵桌在许多方面的启示……今天,我完全看清的事物,灵桌予以证实,我没有完全看清的事物,灵桌予以补充。

我是在这种精神状态下写作的。"①这主要是指雨果哲理诗和启示录式诗歌的创作。现在,关于这段经历,既有当年通灵现场的原始文字记录,又有通灵的神秘绘画,保存在国立法兰西图书馆。

法国 19 世纪的某些作家,如巴尔扎克,都对此类通灵哲学有兴趣。雨果在流亡生活里历时两年多的灵桌活动,留下多方面的见证材料,成为一些严肃的雨果研究专家的研究对象。

1855 年 9 月 11 日,泽西岛流亡者办的报纸《人报》转载了一篇攻击英国女王访问法国的文章。雨果认为文章的格调不高,出于声援,也签名支持。10 月 15 日,英国当局对雨果下逐客令。10 月 31 日,海景台的流亡生活结束。雨果一家被迫迁居大海南面更小的根西岛(Guernesey)。搬家是兴师动众又劳民伤财的事情。上午 10 点左右,"迅速号"在根西岛首府圣彼得港(Saint-Peter Port)的码头上放下两个男人和一只大箱子。两个男人,一个是雨果,一个是次子弗朗索瓦-维克多,大箱子里装的是雨果没有发表的手稿。雨果夫人带子女来的时候,带来的行李有 35 件之多。因为海上天气恶劣,一大箱下半辈子有待完稿和出版的诗稿,在波涛上摇摇晃晃。幸好,1856 年 1 月 13 日的雨果手记中写道:"付手稿箱搬运工两法郎。"②

根西岛比泽西岛更小,更僻远。雨果对这两个岛都很喜爱:"泽西岛比根西岛更会卖弄风情:漂亮多一点,美丽少一点,所以风情万种。泽西岛上的森林变成

---

① 巴雷尔:《雨果传》,第 201 页。
② 莫洛亚:《雨果传》,第 531 页。

了花园:根西岛的岩石仍然是庞然大物。此地更优雅,彼处更雄伟。到了泽西岛,我们是在诺曼底,到了根西岛,我们是在布列塔尼。"①

1853年,法国已经建立第二帝国,波拿巴总统通过公民投票,如愿以偿当上了法国人的皇帝,成为拿破仑三世。流亡生活更加显得遥遥无期。流亡本来就是漂泊无常的生活,举家从泽西岛迁来根西岛,又是一番忙碌和不定,可终得把日子安定下来。1856年4月23日,《静观集》在巴黎和布鲁塞尔同时出版,获得巨大的成功。雨果收到可观的稿费,这可是1845年以来,雨果第一次收到稿费。5月6日,他以25000法郎的价格,在高城街三十八号买下一幢三层楼房,曾经想叫"自由之家"(Liberty House)②,最后取名"高城居"(Hauteville House)。一部诗集赢来一幢住房。诗人平生第一次有钱置业,成了业主。从此,不必再担心英国政府下逐客令了。

高城居里的生活是有规律和有节奏的。和海景台的情况不同,现在整个家成了写书和出书的大作坊,人人都在写作。先不说雨果自己,雨果夫人在写关于她丈夫的书,这便是1863年出版的《雨果夫人见证录》(*Victor Hugo raconté par un témoin de sa vie*)。夏尔写中篇,也在考虑写长篇;弗朗索瓦-维克多下定决心,要重新翻译莎士比亚全集;女儿阿黛尔的抱负最小,只是为自己写"日记",以后这两大册"日记"不仅记录下雨果

---

① 雨果:《流亡是什么?》,载塞巴谢主编:《雨果全集》,"政治卷",第398—399页。

② 莫洛亚:《雨果传》,第545页。

的有关言行,更记录了她自己因失恋而精神崩溃的过程。

雨果自己在高城居的生活健康而又和谐。每天清早早起,仰望蓝天,俯视大海,滔滔的诗行涌来笔端。这是每天的功课,也是诗人一天中最幸福的时光。雨果喜欢洗海水浴,1857年11月,他记下自己洗第126个海水浴。① 大运动量造就他强健的体魄。上午10点到中午,全家一起用餐。午后,雨果散步去情人朱丽叶家。傍晚5点左右,主人回家和家人共进晚餐。有时,兴之所至,雨果会对家人朗诵几句白天创作的诗句。饭后,雨果外出,忠于"饭后百步走"的古老格言。晚上9点,全家再一次相聚,喝一杯茶,或是打一局台球。

雨果的天才表现为精力过剩。雨果是懂得智力和体力平衡的天才。根西岛的大海和蓝天,根西岛的野花和野草,是滋养天才的绝佳环境。不过,天才家里的日子可是平淡而又单调的,甚至是枯燥乏味的。对于凡人来说,对于从巴黎来的凡人来说,天长地久,会起到窒息人的作用。先是雨果夫人,她找借口带着女儿回巴黎散心。两个早已成年的儿子不时返回大陆,让父亲担心不已。几乎全家人都想造天才父亲的反。

雨果夫人说出了大家的心情:"你当初选择泽西岛住下来,我去了。泽西岛待不下去,你又来到根西岛……我没吭一声,照样随你来了。你在根西岛买房子定居,没有向我征求买屋的意见,我又跟你住进了这幢房子。我百依百顺跟你走,可我不能做你十足的奴隶

---

① 巴雷尔:《雨果传》,第247页。

啊……"①雨果写了一句诗自嘲:"你的房子是你的,让你做孤家寡人。"②1871 年,雨果还有诗为证:

> 今天,我所爱过的家人已纷纷动身,
> 仅一子和一女留下。
> 我即将进入黄昏,我几乎独自一人。
> 上帝夺走我的全家。③

"仅一子和一女留下"指弗朗索瓦-维克多在翻译莎士比亚全集,而女儿阿黛尔与寂寞为伴。

  雨果自己的生活热烈、充实和丰富,以为别人应该同样为生活的丰富、充实和热烈而心满意足。事实并非如此,正好相反。只有朱丽叶是唯一的例外,她永远毫无怨言地陪伴在身边,为天才情人誊抄书稿。而可怜的小女儿阿黛尔出来流亡时已经 22 岁。长年累月,几乎与世隔绝,毫无社交生活可言。终于,整天在钢琴边以弹琴打发日子的姑娘精神错乱。1863 年 6 月 18 日,33 岁的小阿黛尔离家出走,远去南北美洲,去寻找一相情愿的爱情,牺牲了自己的青春,也牺牲了自己的生命。1872 年 2 月 17 日,她 42 岁,从南美洲巴巴多斯被送回"高城居"时,已经是个疯子了。疯人院里还有整整 43 年的漫长岁月在等待着她。

  雨果晚年,在人世已经没有妻子,没有子女。他的手记里记下了独自探望疯人院里女儿时的心情。1874 年 5 月 13 日:"我可怜的女儿阿黛尔,比死人更

---

① 莫洛亚:《雨果传》,第 550 页。
② 同上。
③ Henri Guillemin: *Victor Hugo par lui-même*, aux éditions du seuil, 1951, p.66.

是死人";同年6月6日:"有些激动的心情,我不愿意留下痕迹。昨天去看望我可怜的女儿,真叫人难受!"①小阿黛尔的悲剧是雨果的过错吗?肯定不是。可以说,这是天才的家人又一次为天才付出的代价。1975年,新浪潮电影导演特吕弗(François Truffaut)据此拍成影片《小阿黛尔的故事》(*L' Histoire d'Adèle H.*),由伊莎贝尔·阿佳尼(Isabelle Adjani)担任主角,饰演雨果不幸的女儿,给观众留下一张美丽又难忘的面孔,从此走进全世界电影观众的心里。

1868年8月,雨果夫人65岁,在布鲁塞尔中风逝世。雨果在身边。她曾对他说过:"我最后的梦想就是要死在你的怀抱里。"②前一年,雨果夫人来到朱丽叶的"高城仙境"拜访,这是破天荒的第一次,朱丽叶受宠若惊,像处理两国关系似的,立即作了回拜。对雨果来说,在妻子和情人之间维持两个门户的微妙关系,已有35年之久,看到自己生命里的两个天使携起手来,这是感人的时刻。雨果把阿黛尔还给了上帝之后,向朱丽叶提出结婚的建议。朱丽叶婉拒了。

雨果有一个不时为人诟病的情况,就是吝啬。雨果的家人抱怨他小气抠门。

浪漫主义的四位大家,拉马丁、维尼和缪塞都是不愁衣食的诗人,雨果是例外。我们记得,母亲死后,父亲领半饷退休,远在他乡。每年供给他25个路易,还要通过寡妇姑妈转交,雨果和欧仁兄弟俩向父亲写信,

---

① Henri Guillemin: *Victor Hugo par lui-même*, aux éditions du seuil, 1951, p.68.
② 莫洛亚:《雨果传》,第608页。

揭露姑妈的克扣伎俩。雨果从小养成每天的支出笔笔记账的习惯。雨果靠一支笔打天下。靠写颂诗赢得的国王年金结婚,靠写诗养家,《埃尔那尼》还没有落幕,出版商塞给雨果5张1000法郎的钞票买下版权。雨果当然收下,因为此刻家里只剩下50法郎了。① 雨果有两个家要开销。两个儿子因为父亲的关系,终生没有职业。

来到流亡的海岛,雨果一贫如洗。雨果有一点积蓄,才能对抗暴君,才能坚持斗争,没有一点本钱,带着全家出来流亡就无从谈起。很多流亡者两手空空出来,或者悲惨地客死他乡,或者乖乖地接受大赦。雨果又一次白手起家,还是靠一支笔。他靠《静观集》买了房子,靠《悲惨世界》有了大笔稿费。雨果要妻子每天记账,要每个子女记账,家人一个个入不敷出,怨声载道,一个个回大陆寻找属于自己的生活,事实上,家人的每笔支出,最后都要落实在雨果的笔杆上。雨果有两个脑子,一个脑子写诗,给大海,给云端;另一个脑子精于计算:全家每年仅酒一项,花费2000法郎。根西岛、巴黎、布鲁塞尔和小女儿所在的美洲,加在一起,每年30000法郎。② 幸好,雨果的两个脑子都很健全。

养家之外,他也承担了帮助陷入困境的其他流亡者的救援工作。流亡者流落海外,普遍的景况是很糟糕的,衣食无着,客死他乡,屡见不鲜。雨果长期负责

---

① 莫洛亚:《雨果传》,第229页。
② 同上书,第595页。

供养一位叫埃内·德·克斯勒的驼背流亡者①。海岛上经常发生沉船事故，海员罹难，留下的寡妇和子女处境悲惨。雨果对生活不幸的邻舍时有接济。雨果对家人的费用卡得很紧，但他帮助难友和穷人却是经常性的，默默无闻的。雨果在记事册里留下一个具体的数字："1864年帮助穷人的总支出：两千九百六十法郎（大约的数目，因为还有许多小东西略而不计）。"②要知道，当年雨果每次的理发费用是半个法郎。我们做过未必精确的计算，雨果助人为乐的支出占了他日常开销的三分之一。莫洛亚说得好："一位乐善好施的守财奴。"③

1862年，他正全力忙于《悲惨世界》的校阅和出版，忽发奇想：决定每月两次，请12名穷孩子来自己家里饱餐一顿，有肉有酒，从此建立"穷孩子晚餐"④的传统。1867年圣诞节，雨果在家里宴请40个穷孩子，给他们发送礼物⑤。诗人亲自和家人为孩子们端饭端菜。雨果认为这是件"微不足道的事情"。"穷孩子晚餐"的做法曾一度登陆英国，并有所发展。

30年代的雨果潜心创作，也有社会应酬。40年代的雨果，紧张的社会活动是生活的主流，艺术创作只是隐而不见的潜流而已。

流亡逼着作家解决生计问题。再没有社会名流的应酬活动，再没有议会大厅的唇枪舌剑；社会关系简单

---

① 莫洛亚：《雨果传》，第517页。
② 马森主编：《编年版雨果全集》，第12卷，第1479页。
③ 莫洛亚：《雨果传》，第596页。
④ 塞巴谢主编：《雨果全集》，"政治卷"，第539页。
⑤ 《雨果文集》，第11卷，第392页。

到两个字——寂寞;家庭关系简单到两个字——无聊。但是,杰作一部接着一部,源源不断,滚滚而来。1864年6月8日,他给友人瓦克里写信:"诗歌和散文从我的每个毛孔里喷发出来,我从来没有像今天这样精神饱满地写作。"①1853年有《惩罚集》,1856年有《静观集》,1859年《历代传说集》第一集问世,1862年《悲惨世界》震惊文坛,1855年的《林园集》令人意外,1856年的《海上劳工》令人惊叹,1859年的《笑面人》令人感动。且不说还有大量陆续写成而没有发表的诗歌和散文作品。

　　雨果又是一位勤奋而创作意境独特的画家。他身后留下的近4000幅绘画作品,大部分是在流亡期间创作的。这些画不仅丰富了他的艺术创作,更从另一个角度反映了他的思想感受和精神追求。

　　雨果在流亡期间,重又握起1843年放下的剧作家的笔,创作了多部剧本。因为作者再没有上演的舞台考虑,可以放手"自由"写作,这些作品以后结集出版,称之为《自由戏剧集》。2002年出版的《自由戏剧集》单行本,由拉斯泰编订,篇幅将近1000页,包括9个剧本②。其中《一千法郎赏金》是现代题材的散文剧,和《悲惨世界》在精神上有不容忽视的联系,受到关注。2002年,这部剧本以《千元赏金》为名,由陈颙导演,在北京上演。

　　流亡者的痛苦是一无所有,远离巴黎,远离文学

---

① 马森主编:《编年版雨果全集》,第12卷,第1273页。
② Hugo, *Le Théatre en liberté*, Edition d'Arnaud Laster, folio classique, Gallimard, 2002.

界,远离政治界,远离一切嘈杂和喧嚣。但是,恰恰是流亡,是彻底寂寞的流亡,把作家雨果还给了雨果。当年的社会名流如今摆脱了一切应酬,整天面对的是自己,是自己的良心,是自己的思想。雨果在蓝天下沉思,在大海边写作。雨果自己也深为感叹:"你的权势,你的财富,都是你的障碍;当这些离开了你,你都摆脱了,你才感到自由了,自在了;今后再也没有东西妨碍你了;他们对你把一切收了回去,才把一切给了你"①,这是雨果的肺腑之言。19 年的流亡生涯是作家雨果一生中时间最集中、精力最集中、思想最集中的创作时期。雨果有强健的体魄和充沛的精力,雨果取得的收获不仅个人前所未有,在从文学史上也是绝无仅有。他又一次获得诗歌、小说和戏剧三管齐下的大丰收。加上绘画,是四管齐下的大丰收。

政治家的雨果失败了,被迫流亡海外,作家的雨果丰收了,要感谢流亡生活。雨果说得很俏皮:"他应该走,他走了,一直走到诚实和良心的头。到了头,他见到深渊。好哇。他跌了进去。完全跌了进去。他在深渊里死了?没有,我在深渊里活着。"②是流亡给了雨果新的生命,使雨果成为新的雨果,成为更加高大,更加丰沛,更加厚重,更加充实,更加博大,更加沉郁,更加空灵,更加精深的作家。1860 年,雨果在笔记里发自内心地说:"我没有早一点出来流亡,真是可惜!否则,我会完成许许多多的事情,而我感到今天的时间会

---

① 雨果:《流亡是什么?》,载塞巴谢主编:《雨果全集》,"政治卷",第 415 页。
② 同上书,第 414 页。

不够用。"①

在此,我们想谈一部国内有些读者不很熟悉的著作:《莎士比亚论》。我们知道,雨果的次子弗朗索瓦-维克多在流亡期间,完成了一件大事:重新翻译《莎士比亚全集》。后来,雨果为这部全译本写了一篇《莎士比亚全集新译本序》。但是,雨果正式动笔撰写并完成的不是这篇序言,而是整整一部文艺评论的专著:《莎士比亚论》。我国迄今没有这部重要作品的全译本。雨果以《莎士比亚全集新译本序》为契机,对艺术进行了深入和独到的思考,《莎士比亚论》是他对艺术思考的总结,是研究雨果创作思想的重要作品。雨果曾私下里对友人透露:"必须把《莎士比亚论》看成是一部非常认真的研究作品,因为最重要的东西,提供开启作者隐秘思想的东西,隐藏在书中这儿那儿多少有些隐蔽的角落里,第一遍浮在面上的阅读是看不到的,也是无法理解的。"②

研究天才,应该是研究艺术不可回避的题目。《莎士比亚论》其实是天才研究天才的文艺论著。今天,雨果留下一篇标题为拉丁文的《梦之岬角》(*Promontorium somnii*)。《梦之岬角》写于1863年,原来是《莎士比亚论》的一部分或一章,由于是一篇天才研究天才的奇文,确切地说,是研究天才和疯狂的奇文,很受今天研究者的重视,认为是研究雨果的重要文献。我们翻译出版的莫洛亚的《雨果传》,是面向广大读者的文学传记,有两处地方提及这篇雨果生前不愿发表的

---

① 塞巴谢主编:《雨果全集》,"海洋卷",第276页。
② Jean Gaudon: "Grandes Oeuvres, Grandes Causes", 1985, p.24.

文章。

第一处:"'可怕！天才和疯狂,两者竟近在咫尺。'他是意识到这种近似性的。凡是梦想者——维克多·雨果喜欢自称是'梦想者'——在自己头脑里都有一个臆想的世界,在一些人身上表现为幻想,在另一些人身上表现为疯狂。'这种梦游状态是符合人性的。某种思想状态,一时或部分失去理智,并非罕见……这样一点一滴地昏昏沉沉,并非没有危险。梦幻也会致人死命,那就是疯子……要记住:梦想者应当比梦想更强有力,否则就会有危险。任何幻想都是一场搏斗。可能的事情不经过一番某种神秘的发作,是不会变成现实的事情的,大脑可能会受到幻想的噬咬……'在维克多·雨果身上,这个梦想者将始终比梦想更强有力。他得以免遭这种厄运,因为他把自己产生幻觉的烦恼升华成了诗篇。他在现实中牢牢地扎下了根,但他从欧仁身上看到了他自己本来可能会有的结果。"①

第二处:"而此文却是了解维克多·雨果的一个关键。'任何梦幻者身上都有这个臆想的世界……一种暂时或局部失去理智的精神状态,这无论在个人或是民族身上都不是罕见的现象……'《梦之岬角》一文无论从思想上或是从风格上说均是一篇重要的文字。"②

今天,仅仅这篇《梦之岬角》,我们见到两种评注版的单行本,一是老一代研究家儒尔内和罗贝尔的版本,1961 年出版;二是巴黎大学教授克鲁泽(Michel

---

① 莫洛亚:《雨果传》,第 135 页。
② 同上书,第 581—582 页。

Crouzet)的评注版,题目用法文(*Le promontoire du songe*),1993年问世。

雨果在《莎士比亚论》之外,更留下大量和艺术思考相关的文字,今天在塞巴谢教授主编的《雨果全集》的"评论卷"里,以"1860年—1865年的哲理散文"为题,结集作为遗著出版,篇幅比《莎士比亚论》更大。我们可以引其中一段和中国艺术相关的文字,以说明雨果在撰写《莎士比亚论》前后,对艺术思考的深度和广度:"由此产生了两首巨大的诗篇。此地是'太阳神',那儿是'龙'……这两个世界属于最高的趣味,标志出最高趣味的两极。这最高趣味的一端有希腊,另一端有中国。"①

流亡时期的雨果主要形象是作家。雨果不再是法国政坛上的政治家,但作为思想家和社会活动家,他对法国国内、对世界生活都产生了很大影响。2002年,法国纪念雨果诞辰200周年,突出了雨果作为思想家和社会活动家的一面。

流亡期间,雨果以自己的威信和力量,做过许多伸张正义、宣扬友爱的事情。雨果曾勉励过自己:"伸张正义者,朝前走吧。"②雨果曾耗费大量时间和精力完成的事情,通常的雨果传记无暇顾及,这是很遗憾的。1859年,美国废奴主义者约翰·布朗(John Brown)为解放黑奴,在南方的弗吉尼亚州率众起事,10月31日被捕并判处死刑。雨果的良心大为震惊。他为搭救约翰·布朗付出的努力,是一则感人的故事。1859年12

---

① 塞巴谢主编:《雨果全集》,"评论卷",第572页。
② 同上书,"政治卷",第415页。

月2日,他为此给美利坚合众国写了一封公开信①。他不相信"一个如此伟大的人民犯下一桩如此巨大的罪行"。心地善良的雨果在信中发出可怕的预言:"从政治上讲,杀害布朗会是一个无法补救的错误。杀害他会给联邦造成潜在的裂缝,最终会使联邦解体。布朗的受刑可能会巩固弗吉尼亚州的奴隶制度,但是这件事肯定会动摇美国的整个民主制度。"②雨果自己并不知道,他为约翰·布朗所做的呼吁,和美国作家爱默生和诗人惠特曼的抗议是遥相呼应的。约翰·布朗被绞死后,雨果为他写下墓志铭:"为了基督,如同基督。"两年后,美国爆发南北战争。而北军高唱军歌:"约翰·布朗的尸体躺在墓中……而他的灵魂继续在前进。"③雨果创作了四幅题为《绞刑犯》④的绘画作品。由于这是具有社会意义的绘画作品,雨果经过一再努力,把其中一幅雕刻出版,成为雨果生前出版的唯一一件绘画作品。凡尔纳1870年出版科幻小说《海底两万里》,其中尼摩船长是个愤世嫉俗的科学怪人,他的"鹦鹉螺号"潜水船告别人世前,把雨果1854年出版的这幅画带上了船。

在更直接的政治层面上,法国政变将近八年后,漂泊海外的雨果于1859年严正声明,拒绝接受第二帝国的大赦:"我忠于对自己良心许下的诺言,誓与自由一

---

① 《雨果文集》,第11卷,第354页。
② 同上书,第357页。
③ *Victor Hugo, l'homme océan*, sous la direction de Marie-Laure Prévost, Bibliothèque nationale de France/Seuil, 2002, p.310.
④ 参阅《雨果绘画》,程曾厚编,人民文学出版社2002年版,第165页。

起流亡到底。自由回国之日,才是我回国之时。"①我们想起他在《惩罚集》里《最后的话》中掷地有声的响亮诗句:

> 如果还有一千人,那好,就有我一份!
> 即使还有一百人,我要和暴君拼命!
> 如果剩下十个人,我就是第十个人!
> 如果仅有一个人,我就是最后一名!②

1869年,拿破仑三世再次举行大赦。雨果流亡18年后的回答是:"《克伦威尔》中有这么一句诗:得了,我就赦免你。——你有权利吗,暴君?"③对第二帝国一而再、再而三的大赦,雨果一而再、再而三高傲地加以拒绝,对此有人不是感到不解,而是感到愤怒。"这一态度激怒了已成为帝国上议员的那些作家,如圣伯夫和梅里美,然而使法国人民暗中感到兴奋。"④

流亡期间,雨果不仅是法国人民的良心,也是世界各国人民的良心。他为此和世界各地的进步人士有书信往来,最多的时候,一天会收到多达50封各地的来信。根西岛是大西洋上一块小而又小的礁石,在雨果居住的年代,成了世界政治风暴的中心。雨果认为民族自主权是一个民族的基本权利。他提出"世界的良心是一只张开的眼睛"⑤,雨果正是这样一只永远张开

---

① 《雨果文集》,第11卷,第353页。
② 《雨果文集》,第9卷,第393页。
③ 莫洛亚:《雨果传》,第616页。
④ 同上书,第554页。
⑤ 《雨果文集》,第11卷,第355页。

的眼睛,他"身上有人类的全部良知"。他站在海上,监视着全世界的风云变幻。全世界发生的每一件事情,是好,是坏,根西岛上的这只眼睛都看得清清楚楚。因此,世界上每有弱小民族捍卫自由、争取解放的斗争,雨果总是挺身而出,仗义执言。雨果声援意大利的民族统一运动,抗议沙皇俄国压迫波兰,世界各地受压迫、受欺侮的人民给雨果写信求助,雨果也给世界各国人民复信声援。

2002年,法国的格济利亚-拉斯泰和阿尔诺·拉斯泰两人编印了一辑图片资料,取名《维克多·雨果在世界的中心》①,收录雨果在流亡期间支持世界各国人民正义斗争的声明或公开信,既有雨果的手稿,也有刊发雨果文章的报纸:

一 支持意大利人民的反抗斗争,1849—1856年。

"意大利人,这是一个卑微和忠诚的朋友对你们说话。"

二 支持美国废除奴隶制的斗争,1851—1859年。

"美国有奴隶制!"

三 呼吁英国宽大处理爱尔兰争取独立的芬尼亚勇士团成员,1851—1867年。

"你们是英国,要给各国看到进步……"

四 欢呼葡萄牙废除死刑,1859—1867年。

"葡萄牙刚刚废除死刑……今后,葡萄牙走在

---

① Danièle Gasiglia-Laster, Arnaud Laster: *Victor Hugo au coeur du monde*; ADPF; 2002.

了欧洲的前列。"

五 支持海地废除奴隶制,1860—1865年。
"海地现在是一束光明。"

六 抗议英法联军焚毁中国圆明园,1861年。
"我希望有朝一日,解放了的干干净净的法兰西会把这份赃物归还给被掠夺的中国。"

七 支持意大利的统一,1861—1864年。
"没有意大利,就没有欧洲。"

八 呼吁比利时对死刑实行赦免,1862年。
"我请求比利时成为高尚的民族。"

九 支持瑞士取消死刑的斗争,1862—1869年。
"正当欧洲退步的时候,日内瓦能进步多好啊。"

十 反对拿破仑三世对墨西哥的战争,1863—1867年。
"墨西哥战争爆发了,对一个自由国家人民的丑陋的粗暴行为。"

十一 反对俄国沙皇镇压波兰,1863—1882年。
"俄国士兵们,要重新做人。"

十二 支持克里特岛人民反抗土耳其统治的起义,1866—1869年。
"克里特岛要继续放射出美丽的光芒,否则就会无声无息。"

十三 鼓励西班牙推翻军人统治,建立共和国,1868年。
"啊,高贵的西班牙人民!……你们摆脱了专制君主;现在,请你们摆脱奴隶吧。"

十四　第二帝国垮台,呼吁德国人停止由拿破仑三世发动的战争,1870年。

"可是,德国人啊,还有什么意义吗?"

十五　支持古巴人民的独立斗争,1870年。

"古巴是属于古巴自己的。"

十六　坚决反对土耳其对塞尔维亚的血腥镇压,1876年。

"正在塞尔维亚发生的事情,证明成立欧罗巴合众国的必要性。"

雨果自己有过这样的总结:"告急从四面八方向他传来,知道他从来不会在责任面前退却。被压迫者在他身上看到的是天下罪行的检察官。……他听到天边的呼求声,从他孤独的深处予以响应。"①雨果的这些活动,这些斗争,是他流亡生活的重要内容。他身处世界中心,有一颗为全世界跳动的心。这是一颗健康平衡的心,一颗强劲有力的心。这是一颗充实的心,一颗崇高的心。

流亡18年后,雨果已经67岁,第二次拒绝大赦。家人纷纷外出不归,偌大一座"高城居"空空荡荡的,只有永远忠实的朱丽叶不离不弃。雨果甘心葬身大海上的孤岛吗?我们看到,诗人仍然活得很潇洒。1870年7月14日,法兰西第一共和国的国庆节,雨果的思想越过第二帝国的现实,还在为未来,为法国的未来和欧洲的未来着想,在"高城居"家里的园子里,他亲手栽下一颗"欧罗巴合众国"橡树的种子,并赋诗一首:

---

① 塞巴谢主编:《雨果全集》,"政治卷",第416页。

起句是"我们是匆匆过客,要播留下的种子!"①雨果预言:"一百年以后,一定不会再有战争,不会再有教皇,而橡树,将会长大。"②

① 塞巴谢主编:《雨果全集》,"诗歌卷",第4卷,第1169页。
② 莫洛亚:《雨果传》,第618页。

| 第三讲

程曾厚讲
雨果
Hugo

雨果的一生
——流亡后

天有不测风云。

5天以后,1870年7月19日,腐败无能的第二帝国向普鲁士宣战,普法战争爆发。9月2日,昏庸无能的拿破仑三世亲率10万大军,在自己的领土色当向普鲁士军队不战而降。1870年9月4日,共和国宣告成立。9月5日,雨果把一大箱手稿存入银行后,跨海返回巴黎。雨果在毫无思想准备的情况下,匆匆忙忙结束流亡生活,返回阔别19年之久的祖国。流亡者从大海的云端里一下子跌回到巴黎的现实生活中来。雨果又一次遇到历史的急转弯。

从比利时回巴黎的途中,雨果第一次见到法国士兵,高呼"法兰西万岁!"这些败兵看到一个流泪的白胡子老头,都神色木然。雨果怎会想到,他见到的曾经让敌人闻风丧胆的法兰西士兵,都是败兵。巴黎,雨果朝思暮想的巴黎。19年来从未在共和思想上迷路的老人,对新生的共和国能起什么作用吗?晚上,九点半,雨果在巴黎北站下车。不出所料,迎接的群众人山人海。当年的老友戈蒂耶的女儿,新一代的美人朱蒂特也来迎候。老人在美人的搀扶下走进对面的咖啡馆。流亡者先是打开窗子,继而站在二楼的阳台,对欣喜若狂的人群发表讲话。讲了一次,群众听了不过瘾,讲两次,讲三次,最后讲了四次。人群里有人想把他送到市政厅去。这下子,雨果清醒了。他喊道:"不行,公民们!我回来不是为了动摇共和国的临时政府,而是为了支持这个政府。"①是夜,巴黎狂风暴雨大作,电闪雷鸣。看来,天公并不作美。

  诗人回到魂牵梦系的巴黎时,巴黎已被围城的普鲁士军队围得严严实实。雨果接连发表《告德国人书》,劝说德国人停止战争,无效,老人想得不免天真。他又写了《告法国人书》和《告巴黎人书》,号召人民抗击入侵的普鲁士军队。此时的政府总统特罗胥(Trochu)将军骨子里是个君主主义者。左派和右派都想拉拢雨果。雨果明智地采取超然的态度:"我是个几乎不可能糅合的人。"莫洛亚说得清楚:"对他来说,做共和国的诗人比起当共和国的总统或共和国的对手要好得多。"②

---

① 莫洛亚:《雨果传》,第621页。
② 同上书,第626页。

是年冬天,巴黎奇寒,老诗人在阔别将近20年的巴黎,和首都饥寒交迫的军民同甘共苦,投入抗击入侵者的战争。雨果拿出《惩罚集》的稿费,购买两门大炮:"雨果号"和"惩罚号"。雨果还买了一顶国民自卫军的军帽,行走在大街上,招来右派将军的嘲笑。他写信要求入伍,朋友们劝他说,活着比死去对祖国贡献更大。莫洛亚的《雨果传》有时也有三分刻薄:"他是个强烈的沙文主义者"①,因为他一上街,听到士兵高唱《马赛曲》和《出征歌》,便老泪纵横。

大敌当前,国内政局错综复杂。"二十年间,雨果一直是共和国的预言家"②,雨果头脑清醒,没有介入复杂的政治形势。雨果对当时的"国防政府"首脑特罗胥将军鄙夷不屑,他有一句十分经典的文字幽默:

特罗胥徒有其表,脱落虚才是真名。

《凶年集》:"特罗胥徒有其表,脱落虚才是真名。"③

顺便一提,这行诗是雨果文学幽默的经典,但理解、欣赏和翻译这行诗需要花费一点力气。因为原诗不能当真,更不能直译:诗句的字面意义竟是"动词Tropchoir的过去分词"。过于聪明的译者会知难而退,绕道而行,不予翻译。雨果认为:法兰西大敌当前,起义推翻政府比维持这个软弱无能的政府,对国家危险更大。10月27日,法国唯一的希望巴赞将军又一次让全国大惊失色:他率领17万大军在梅斯不战而降。1871年1月,巴黎投降。法国为了在和约上签

---

① 莫洛亚:《雨果传》,第628页。
② 同上书,第625页。
③ 《雨果文集》,第9卷,第828页。

字,选举新的国民议会,2月13日在西南部城市波尔多开会。雨果当选为代表。新的国民议会成员既不爱国,也不是共和派人士,主要是各地从农村来的保王党。他们的唯一目的是"和平"。按照雨果的说法:"我们在议会里是五十对七百。"①议会开始后,大会宣布以高票当选的加里波第当选无效。雨果立即退出议会,以示抗议。

1871年,雨果一直在写表现法国多灾多难的《凶年集》。1871年,这也是雨果自己的"凶年"。雨果在生活里是很讲迷信的人。2月13日,长子夏尔住进波尔多圣莫尔街13号一家旅馆的13号套间,他乘车的车厢里有13名乘客。3月13日,胖乎乎的夏尔在马车里突发中风逝世。我们知道,"13"在西俗中是个不祥的数字。夏尔终年45岁。两年后,1873年,瘦弱的次子弗朗索瓦-维克多在父亲的怀抱里死去,他终身未婚,和哥哥一样,也活了45岁。雨果的两个儿子都没有活到雨果自己出来流亡时的年龄。现在,陪伴老人的,除了日见衰老的朱丽叶外,便是夏尔留下的5岁的孙子乔治和4岁的孙女让娜。孙儿辈叫他"老爸爸"(papapa),"老爸爸"的天伦之乐维系在两个加在一起不满10岁的孩子身上。

在社会生活方面,雨果的晚年,只有一件事情,一件大事,一件和他一生的信念一生的原则相关的大事。这件大事,就是巴黎公社,就是争取为被流放和被囚禁的公社社员实行大赦。雨果对人民的爱心,对革命的理解,对祖国的忠诚,反映在他晚年处理和巴黎公社的

---

① 莫洛亚:《雨果传》,第633页。

关系上。1871年3月17日清晨,雨果陪同夏尔的遗体,离开波尔多回巴黎安葬。18日清晨送葬的队伍从巴黎城东巴士底广场进城。这一天,正好是巴黎公社夺取政权的一天。公社的战士护送送葬队伍行进,脱帽致哀:

> 致敬的旗帜下垂,致敬的鼓声敲响。
> 从巴士底广场至沉闷的山冈方向,
> 这儿旧时代正和新世纪面面相对……
> 人民都手持武器,在沉思,也在悲伤,
> 人民浩大的队伍静静地站立两旁。
>
> 《凶年集》:《葬礼》①

巴黎公社是法国历史的又一个急转弯。历史的发展令人猝不及防。人民的起义演变成一场法兰西的内战。外战的炮声才停,内战的烽火又起。使雨果最为难过的事情,是这一场血腥的内战是在普鲁士围城的重型炮炮口下发生的。今天,雨果留下的书信、手记,尤其是即时写下的数千行诗歌,为历史,为后代,不仅见证了这次历史事件,更充分展示他在人生的最后阶段,做人讲良心,做事讲原则的道德风范。雨果向世人表明了应该如何热爱人民,应该如何热爱祖国。

巴黎公社宣告成立。丧事既毕,雨果无奈地去布鲁塞尔处理夏尔留下的私事,同时也表达了一种不介入的超然态度。雨果确信调和双方放下内争、一致对外的希望无法实现。雨果对巴黎公社的态度,是和他

---

① 《雨果文集》,第9卷,第799页。

一贯的思想立场一致的。首先,雨果支持人民建立巴黎公社的权利,赞赏人民斗争的英勇精神。但是,雨果对巴黎公社的态度是有思考的。他认为入侵的普鲁士军队在城门口虎视眈眈,大敌当前,起义的时机在客观上是不成熟的。雨果对巴黎公社一些领袖的个人威望和能力也有保留意见。

他写了《致默里斯和瓦克里两位先生的信》①,内容重要,译成中文长达7000字,正面阐述了他对巴黎公社的全部意见。此信发表时注明的写作日期是4月18日,正是巴黎公社历史进程的中期。据专家研究,这是伪托,确切的日期是公社失败后的八九月间。雨果自己感到有必要系统整理自己的观点。雨果在公社期间创作的诗歌是即时的感情流露,而事后的总结是冷静的思考。

雨果的基本想法:"我在原则上赞成公社,在实施时反对公社。""巴黎宣布自己是公社的权利是无可争辩的。"巴黎的公社是一方,法国的政府是另一方:"公社无权夺走法国的国民议会,国民议会无权夺走巴黎的公社。"②雨果提出:"除了权利,还有机会。""外战之后是内战!甚至等不及敌人撤走!让胜利的国家笑话被打败的国家在自杀!给普鲁士,给这个帝国,给这个皇帝看戏,马戏团里的野兽互相撕咬,而这马戏团竟是法国!"雨果对此无法接受:"撇开一切政治上的考虑,先不分谁对谁错,这就是3月18日的罪行。选择

---

① 《雨果文集》,第11卷,第436—446页。
② 同上书,第437页。

的时机是很糟糕的。"①

　　雨果对时机的选择错误深感痛惜:"既然公社包含了原则,她本来可以晚一些出现,等普鲁士人走了以后。她本来会来的是时候,而不是不是时候。公社本来会是一件好事,而不是一场灾难。"至于要回答是谁的过错,这对雨果是个痛苦的问题。他思前想后,无法回答。他只是提出"没有更加复杂的事情了"。"两个方面,要有同一颗灵魂,法兰西,要有同一颗心脏,巴黎。现在没有。由此,拒不互相理解。"②

　　雨果自己百般克制自己的激动,要冷静,要平静。"良心像大海。不论海面上风暴如何猖狂,海底是平静的。我们会尽职的,反对公社和反对国民议会是一样的。"③公社失败后,雨果已有不祥的预感。"我不想做任何预言,但我可以想象有白色恐怖回应红色恐怖。"④这封信预示了雨果即将投入一场捍卫良心的斗争。

　　　　可怜人,你们至少应留下一个朋友!
　　　　至少有一个声音为你们说话!你们
　　　　至少还应有黑夜和我做你们证人!
　　　　权利死去,希望落空,谨慎气得发抖。
　　　　今后不要有人说,当此劫难的时候,
　　　　没有一个人说句公道话,提出抗议。
　　　　我是灾难的朋友,和灾难走在一起。
　　　　我要做个,——这样做,是我最好的做法,——

---

① 《雨果文集》,第11卷,第438页。
② 同上书,第439页。
③ 同上书,第441页。
④ 同上书,第442页。

从不做坏事的人，而只有眼泪流下；
要做个受打击者、被遗弃者的伴侣。
难友，我自觉自愿，走下你们的地狱。
头头让你们迷路，我已经告诉历史；
当然，我本来不会和胜利站在一起，
而站在失败一边；我独自严肃向前，
不来你们的旗下，来你们尸衣旁边。①

《凶年集》："6月"，《致被踩在脚底下的人》

正因为如此，巴黎公社最后的战斗还没有结束，雨果便在布鲁塞尔宣布为公社社员打开庇护的大门。接着是暴徒袭击雨果住宅，卑鄙地演出"布鲁塞尔的一夜"，接着是比利时政府下逐客令："维克多·雨果先生，文学家，69岁，立即离开本王国，以后不得再度入境。"②此时的雨果不敢回国，当时的形势，他在比利时公然庇护公社社员的态度，使他极有可能遭到逮捕。他去布鲁塞尔的法国代表处办理护照，也得到回国即会被捕的暗示。难啊！19年的流亡后，现在几乎成了过街老鼠！万一卢森堡方面同样胆小，雨果已经做好去瑞士避难的准备。"我随身带上四千一百八十法郎。"③雨果去敲卢森堡的国门。雨果以前多次来过卢森堡，对小城菲安登（Vianden）印象极好。

诗人在菲安登度过了将近四个月的安静生活。小城的好客，小城的宁静，使雨果伤痛的心逐渐平静下来。诗人心情大好，继续写作，在此期间写下48首诗

---

① 塞巴谢主编：《雨果全集》，"诗歌卷"，第3卷，第142—143页。
② 莫洛亚：《雨果传》，第644页。
③ Tony Bourg et Frank Whihelm：*Le Grand-Duché de Luxembourg dans les carnets de Victor Hugo*，RTL Edition，1985，p.88.

歌,收入《凶年集》、《精神四风集》和《全琴集》等,其中 27 首诗最后被选入《凶年集》。

有个公社社员的年轻寡妇,叫玛丽·梅西耶(Marie Mercier),年轻漂亮,从法国来卢森堡,希望得到以好客闻名的雨果的帮助。雨果儿媳艾丽斯收留她做女仆。雨果的传记作者都会谈到雨果和玛丽的私情,谈到雨果精神的兴奋,最后是《凶年集》后半部的顺利写成。雨果 6 月 17 日手记提到玛丽的出现:"可怜的加罗被枪杀了。他的寡妇玛丽·梅西耶在这儿,给我们讲了事情经过。——艾丽斯给她干点活,我尽力帮助她。"①9 月 3 日,手记里出现用西班牙语写的隐私:"玛丽。大腿。她显得很多情。"②雨果 70,姑娘 18。9 月 11 日手记:"我要你给我一个娃娃。"③这句话显然是玛丽的口吻。与此同时,两人对公社的理想,对公社失败后遭到的镇压,有很多交流。玛丽提供的一些镇压的见证材料,被雨果写成诗篇:

> 一位妇女对我讲:——我这就跑了出来。
> 我怀里抱着我的很小很小的女孩,
> 孩子在哭,我就怕别人会听见哭声。
> 请想想,两个月前,孩子才刚刚出生;
> 她力气小得可怜,还不如一只苍蝇。
> 我想让孩子安静,我对她吻个不停,
> 她老是哭叫,哎呀!她哭得叫人心碎。
> 孩子是想要吃奶,但我已没有奶水。……

---

① Le Grand-Duché de Luxembourg dans les carnets de Victor Hugo, p. 129.
② Ibid., p. 236.
③ Ibid., p. 244.

> 我东逃西逃,再也不知道何去何从,
> 我在野地里用手挖好了一个窟窿,
> 在一棵树下,靠着一座孤墙的角落;
> 我让睡着的天使睡进地里的小窝;
> 埋葬喂奶的孩子,这可是多么伤心!①

以往的雨果传记都关心七旬老诗人和玛丽·梅西耶的邂逅,促进了《凶年集》的创作,却对雨果的另一件事不加报道。其实,这第二件事,也是七旬老诗人不平凡的一页。1871年7月14日,菲安登发生数十年不遇的火灾。恰好市长外出,雨果积极参与救火并替代市长进行组织工作。请看雨果当天的手记:

"今晚,我回家后十点钟睡觉。我正睡着。有人猛烈敲门。我醒了。我看到十分明亮。似乎是房间里出了太阳。已是午夜。我到窗口。城市上空,山上,废墟上,一片火光。我转过身,看到屋外两百步处,像是火山喷发。十幢房子在燃烧,都是茅草屋顶。城市发出像受惊蚂蚁窝的声响在醒来。街上满是女人奔跑,满是男人到来。警钟敲响。……我穿好衣服,把《凶年集》手稿卷在一块手帕里。我带着手稿去科赫旅馆。旅馆里一片恐怖和黑暗。我跑进下面的走廊。突然,我撞了一下摔倒。有人把一只大箱子从楼梯上滚下来,没有开灯。撞得很猛。好在只有三处挫伤,两个膝盖和屁股。……我走进一座燃烧的屋子。我把我的房间给了一个手里抱着孩子的惊恐的妇女。于是,我组织人排成一行。我让妇女和孩子带着空桶排成行,一

---

① 《雨果文集》,第9卷,第819—820页。

直排到河边,对面是男人的一行,接着满桶。我站在满桶一边。我安排的这条作业线,从午夜十二点半到凌晨两点。每秒钟一桶,我的手上传过去五千桶水。一个小时内,大火吓人,慢慢地范围小了。没什么风。两点,火几乎灭了。我回去睡觉。"①

七旬的老诗人和 18 岁的玛丽·梅西耶邂逅相知,令人啧啧称奇;而七旬的老诗人半夜指挥救火,一个半小时内传过 5000 桶水,同样令人啧啧称奇。

历史的风暴过去,在国内威信扫地的雨果于 1872 年黯然回到巴黎。1872 年 3 月,雨果出版《凶年集》,半集写普法战争,半集写巴黎公社。诗人没有时间的间隔,几乎以日记体裁挥写眼前发生的历史事件,在文学史上既是空前,也是绝后。诗人对祖国有一颗赤子之心,对人民也是一颗赤子之心。写历史题材的史诗不容易,写当代题材的史诗,很少有人有此胆量,很少有人有此魄力。《历代传说集》是出版商约请雨果撰写的诗集,《凶年集》是历史向诗人索要的作品,这是历史借诗人的手和笔,把当代历史浓缩而成的篇章:

> 我准备着手叙讲惊涛骇浪的一年,
> 可我又犹豫不决,把臂肘支在桌边。
> 是否必须往下写?我是否应该继续?
> 法兰西!看到天上有颗星星在下去!
> 伤心啊!我已感到奇耻大辱在登台。
> 苦恼!一个灾难才走,一个灾难又来。
> 没有关系。继续写。历史需要我写成。

---

① *Le Grand-Duché de Luxembourg dans les carnets de Victor Hugo*, pp. 153—155.

本世纪已经到庭,我是世纪的见证。①

　　巴黎的气氛令人窒息。雨果已经流亡惯了,他也希望回到海岛上去呼吸自由的空气。1872年11月21日,雨果回到根西岛的高城居,让在巴黎激动的情绪沉静下来,开始创作历史小说《九三年》。他对法国大革命这段历史酝酿思考了几十年,法国目前又一次面临外战和内战的险恶处境,1872年的法国和1793年的法国,何其相似乃尔。1874年2月,《九三年》出版。这是雨果最后一部长篇小说,凝聚了雨果共和派的思想,寄托了雨果人道主义的理想。

　　1877年5月,75岁高龄的老诗人,猛然从家里甩出来一卷厚厚的《祖父乐》,诗集的集名直译是《做祖父的艺术》,使天下人无不大吃一惊。原来,如何做好祖父,做祖父有何乐趣,大有讲究,竟是一门"艺术"。这一下,看不惯雨果作品充溢着崇高思想的人噤若寒蝉了。在平民百姓里更是掀起一股新风气,以争做一个傻乎乎的祖父为荣。雨果老人跨海回到巴黎以后,《凶年集》、《九三年》和《祖父乐》是真正意义上的新作,是老作家灵感喷涌不息的明证。但是,老作家有深谋远虑的一面,晚年除了这三部作品外,几乎年年有新书出版。数量之多,题材之广,频率之高,确实叫人眼花缭乱。1875年,有政论《言行录》,1877年有历史著作《一件罪行的历史》和诗集《历代传说集》二集,1878年是诗集《教皇集》,1879年有诗集《全悯集》,1880年有《宗教集》和《驴子集》两本诗集,1881年有诗集

---

① 《雨果文集》,第9卷,第774页。

《精神四风集》，1882年出版诗剧《笃尔凯玛达》，1883年出版《历代传说集》三集。其实，这是雨果的出版策略，有意厚积薄发。这个出版策略在他身后由遗嘱执行人继续执行。雨果作品的出版，到1902年，相对告一段落，但还没有出完。

　　19世纪的法国，是一场革命接着一场革命的世纪。巴黎公社是19世纪革命的顶峰，也是19世纪革命的终点。此后，19世纪余下的30年和整个20世纪，"革命"这个词语在法国历史上从此消失。而我们即将看到，巴黎公社从1871年3月18日到5月28日，斗争了72天。凡尔赛政府血腥镇压开始后，全法国只有一个不识时务的老人，几乎孤立无援地提出大赦。这个人就是雨果。雨果为争取大赦巴黎公社的社员，进行了先是孤独、后是不屈不挠的斗争，一场艰苦卓绝而又漫长的斗争。雨果留下的诗歌和散文，有关的一言和一行，可以辑成一份珍贵的历史档案。先不说1871年的见证文字，先不说《凶年集》里的40多首诗篇，1872年1月8日，雨果是古稀的老人，第一次在一篇正式的文告里第一次使用了"大赦"这个词语。8年后，当"大赦"从雨果嘴里的一个词成为法国社会的现实，雨果已到耄耋之年了。雨果为完全、彻底大赦被囚禁和流亡的巴黎公社社员，等待了8个半年头，战斗了100个月。这是雨果最后的一场战斗，这场战斗体现了雨果支持正义的信念，凸显了雨果公民的良心。

　　1872年1月7日市政选举，大名鼎鼎的雨果得了9万多票，但被一个得到梯也尔政府支持的人击败，此人得票12万多。在海岛上守护共和国19年的雨果，竟是如此下场。雨果没有气馁,第二天,他发表《致巴黎人民书》:"巴黎要的东西会有的。提出了一些问题;这些问题会得到解决,解决是友爱的解决。巴黎要平静,要和谐,要治愈社会的伤口。巴黎要结束内战。只有通过结束仇恨,才能结束内战。如何结束仇恨?要大赦。"①

1876年5月22日,雨果在参议院做关于大赦的演说,除十票赞成,全体反对。

1878年5月30日,伏尔泰逝世100周年,雨果借题发挥,大谈宽容,呼吁大赦。

1879年2月28日,雨果再一次在参议院呼求大赦,还是没有通过。

1879年,长期主政的保守派总统麦克-马洪下台,新当选的格雷维总统是共和派总统。

1880年7月,大赦颁布。

大赦颁布以后,《国际歌》的作者欧仁·鲍狄埃从美国回来了,"红色圣女"路易丝·米歇尔从太平洋上的新喀里多尼亚回来了,《樱桃时节》的作者克莱芒从英国伦敦回来了。

60岁的雨果不是老人。70岁的雨果精力充沛。雨果流亡回来,巴黎的朋友和熟人好奇地发现他"保养得很好"②。但是,老人越来越孤单。他的社会活动不减,他的创作活力依旧。回到家中,乔治和让娜成了他的精神依托。孙子和孙女是仅有的精神依托?否也。雨果晚年,还有另一个为人津津乐道的话题。雨

---

① 塞巴谢主编:《雨果全集》,"政治卷",第841—842页。
② 巴雷尔:《雨果传》,第309页。

果好色。这是个大题目。任何一本传记都不会放弃此中丰富的内容,不会忽略这个精彩的题目。雨果的生前有人谈,雨果的身后仍然有人在谈。雨果的敌人抓到这个把柄,眉飞色舞。雨果研究专家也有所发现。

雨果在诗中屡屡提及爱情这个主题,把它提高到神圣的地步:

> 上帝很清楚男人心中之所想,
> 所以,天很远,所以,女人在身边。
> 上帝告诫想探索苍天的人类:
> "生活,相爱吧!此外,我一片漆黑!"
> 相爱吧!这最重要。这是上帝的愿望。
>
> 《静观集》:《傍晚,我仰望天空》[1]

雨果青年时死命贞洁,中年后放纵,晚年艳遇频频。对此,有人责难,有人鄙夷,有人理解,有人好奇,也有人研究。历史学家吉伊曼写过一本《雨果和性欲》的专著,他发现雨果最后一次做男人的记录是逝世前一个半月的4月5日。[2] 在他"起自1885年元旦的手记中,还有八次成绩"[3]。雨果像他父亲,也像他儿子夏尔,属于性欲很强的体质。父亲活了55岁,儿子活了45岁,唯独雨果长寿,在当年属于罕见的长寿。雨果的体力和精力过剩,他的想象力和创造力异常。但他的心理和生理始终保持某种平衡。如果他过剩的体力和精力不能得到良好的调节,他异常的想象力和

---

[1] 《雨果文集》,第9卷,第450—451页。
[2] Henri Guillemin: *Victor Hugo par lui-même*, aux éditions du seuil, 1952, p. 60.
[3] 巴雷尔:《雨果传》,第710页。

创造力不能得到积极的发挥,也许,不会有雨果的奇迹。

雨果在流亡期间,留下很多珍贵的照片。这些照片上,雨果有一张阴沉的脸。《静观集》中一首首启示录式的长诗,充满浓重的阴沉气氛。雨果在作为一个普通人的日常生活里,活得开心吗?历史学家吉伊曼发现,凡是近距离接近过雨果的人,一致反映他在生活里是一个开开心心的人。巴黎被普鲁士军队围城期间,饥荒严重,人人挨饿。雨果会以拉伯雷式的语言,描述饥馑的严重情况:

> 我们吃老鼠和熊,我们吃驴子和马。
> 巴黎被紧紧围住,被围得滴水不漏,
> 我们的肚子已经成了挪亚的方舟;
> 百兽涌进我们的腹部,有狗也有猫,
> 不论巨大和渺小,名声有坏也有好,
> 什么都能闯进来,耗子和大象相遇。……
> 没有东西吃,就什么都吃,也很快乐。
> 光光的桌上等着我们的只有饥饿,
> 从地窖请出一个土豆是孤家寡人,
> 洋葱如同在埃及,现在已尊为天神。
> 我们虽然没有煤,但有乌黑的面包。
>
> 　　　　　《凶年集》:《致某妇人的信》①

雨果有作家的凝重,诗人的悲愤,而作为现实生活里的凡人却开开心心,这也是一种平衡,对身体和精神的双重健康而言,是某种必不可少的平衡。

---

① 《雨果文集》,第9卷,第786—787页。

在家里,雨果先是送走了一个个家人,伤心欲绝,儿媳艾丽斯再醮,和他相爱50载的朱丽叶1883年也弃他而去了。在家外,雨果送走了一个个朋友,为他们写下动人的诗篇或悼词:文学界有巴尔扎克、大仲马、乔治·桑和戈蒂耶等,政治界有埃德加·基内和路易·布朗等。一个人失去同一代和下一代的亲人,一个作家见不到同一辈的朋友,这份心情应该是凄凉的。

1879年,保守派总统麦克-马洪元帅下台。朱尔·格雷维当选总统,共和国总算有了一位共和主义者的总统。雨果对共和国的巩固是有贡献的。共和国感激雨果。雨果的威信更加提高了。1880年,大赦颁布。雨果家中的老祖父,成了共和国的老祖父。老诗人80岁时,在他居住的克里希街上,官方代表和自发的民众60万列队经过他家的阳台。老诗人的两边,是幼小的孙子和孙女。

雨果诞生于世纪之初,正是第一帝国成立的前夕。但是,童年雨果的头脑里满是忠君爱国的思想。法国经过一个世纪风风雨雨的历史,终于建立第三共和国,在很长一段时间里,共和国大权掌握在君主派和温和派共和党人手里,经历了将近十年的较量,最后才站稳脚跟。雨果不仅跟上时代的步伐,很快超越历史的节拍,他为催生第三共和国,为巩固第三共和国,做出自己的贡献。

30年代的雨果是社会名流,头发梳得光光的,出入宫廷,是达官贵人家里的座上客。到晚年,到80年代,老人又成了社会名流,但他穿着像个泥瓦匠,行为举止,神情步态,不无粗鲁,但更加令人注目。他过问全世界发生的一些事,关心一名囚徒的生命,反对国外的一场屠杀,出席重大的节庆纪念,主持工人活动的集会,为穷人捐款,给学校奠基,为外国的地震呼吁救助,参观即将送往纽约的自由女神像。他到处讲话,讲话简短;他到处写信,内容简要。《集合报》(Le Rappel)都有报道,如今这些报道收在《言行录》的相关附录里。

1881年8月31日,雨果写好遗嘱:"上帝。灵魂。责任。这个三重的概念对人已够了。我以此而生。我为此而死。真理,光明,正义,良心,这是上帝。"①1883年,又有追加遗嘱:"我留下五万法郎给穷人。我要求用穷人的柩车把我运到墓地去。我拒绝任何教堂为我祷告。我请求为普天之下的灵魂祈祷。我相信上帝。"②

1885年5月18日,雨果肺部充血。在最后昏迷状态下,老人居然吐出一句完美的诗句来:"此地白昼和黑夜在进行一场战斗。"这句诗概括了他的一生。4天后的22日,他在床头与孙儿孙女诀别,与世长辞。他最后的一句话:"我看到黑色的光。"他有和父亲和儿子夏尔同样的体质,但他没有死于夺走父亲和儿子生命的中风,他也没有死于今天老人常见的心脑血管疾病。大树轰然倒下。

雨果逝世前后,后世有不少名人的见证和回忆。我们举出罗曼·罗兰的一段文字。"1885年,我为雨果吃了不少苦。雨果垂死,雨果逝世……我们的偶像离开世界之际,还能想着别的事情吗?从5月18日,

---

① 《雨果文集》,第11卷,第543页。
② 同上书,第539页。

到6月1日,我对伟大的逝世和无上的光荣,有一大堆笔记。我从最初发病的消息一开始,就奔到艾洛大街的住宅,我缺了课,在住宅前等候,站在街上,和数百个闲逛的人一起,大部分是工人,抓住从屋子里出来的人说的片言只语。5月21日星期四,我在一楼的登记册上登记。此时正好赶上宣布最后发病,病情十分凶险。5月22日,午后一点半,雨果离去。我喜欢想象年迈的神明弥留之际,巴黎的上空风狂雨骤,雷声隆隆,冰雹铺天盖地撒向大地,和伴随拿破仑和贝多芬逝世时,具有超级大自然鸣放天国礼炮同样的威力。——5月24日星期天,我最后一次去他现在安息的屋子。艾洛大街上满是人。排起一条长而又长的队伍,唯一的希望是在登记册上写个名字。我看到在政治家和日本大使的一边,'富凯,卖破烂的,住墨西拿大街。'有的题词写成诗句,有的感叹很天真:'我们哭泣我们的父亲!⋯⋯'26日,艾洛大街和艾洛广场的牌子摘了下来。换上雨果的名字,好让雨果从自己的大街去到凯旋门。"①

　　6月1日,法国为雨果举行国葬。200万人参加葬礼。作家莫洛亚叹道:"一个国家把以往只保留给君王和将帅的荣誉给予一位诗人,这在人类历史上还是第一次。"②也许是最后一次。这样的荣誉,事实上,法国历史上没有人享受过,连拿破仑也没有。

　　5月22日,雨果逝世的消息传出。法国政府的反应很快。

---

① Europe, numéro spécial, février-mars 1952, pp.23—24.
② 莫洛亚:《雨果传》,第714页。

24日，众议院和参议院立即休会，决定举行全国性哀悼，定于6月1日为雨果举行国葬。同时决定恢复先贤祠（le Panthéon）的本来职能。法国政府借雨果逝世的机会，在先贤祠的三角门楣上重新刻上："伟人们，祖国感激你们"。雨果是法国大革命后享受"伟人"身份的人，这位"伟人"，不是政治家，不是将帅，只是个作家。法国有国葬的制度。但是，拿破仑就没有享受到国葬的礼遇。20世纪戴高乐将军的国葬场面隆重，也没有200万人参加的报道。其他由法兰西共和国总统钦点的国葬，主要是一次官方的仪式。

　　5月31日夜，雨果的遗体存放在凯旋门高大的门洞下，供人民凭吊。整个巴黎在为死去的诗人守灵。场面空前，壮观，令人感动。凯旋门是拿破仑下令建造的，拿破仑的骨灰享受到的待遇，也只是在孤岛上悲惨死去后运送巴黎时穿过凯旋门的门洞而已。

　　6月1日，星期一。雨果遗体从凯旋门，经香榭丽舍大街，经协和广场，直到重新装修一新的先贤祠，全巴黎的人蜂拥而至。不，全法国各地的人汇集巴黎。不，欧洲各国的人，聚集巴黎，来向雨果告别。雨果国葬的新闻报道，是围绕一次历史事件展开的饱和式的报道，各报的第一版和所有版面都动员起来。法国是最早参与发明摄影的国家之一，法国在19世纪有两次大规模利用摄影技术的新闻报道，第一次是在巴黎公社失败之后，那是一次悲惨的事件，向欧洲人展示了内战后的惨象；第二次是为雨果举行国葬，这一次是欢乐和团结的景象。

　　参议院、众议院全体议员，内阁全体人员，外交使团,都是全体出动。民间团体,尤其是中学和小学,打出各式旗号,五花八门,热闹非凡。这是一次全民的哀悼,甚至是全欧洲的哀悼。政府是决策者,民间社团是积极响应者。但是,200万人参加的葬礼,真正的参加者是群众,来自人民,来自底层,来自最普通的百姓。群众是无法组织的,也是组织不起来的。雨果的国葬,是真正意义上群众参加的国葬。雨果的国葬,官方,民间,群众,三方面都是一次最高规格的纪念活动。

  雨果的国葬,没有眼泪,没有悲伤,全城是一片欢乐的海洋。200万人,每个人都不愿错过这一历史性的场面,每个人又都是历史场面的组成部分。树上,有人在两棵大树间搭起吊床,躺着观看长达八个小时的送葬队伍行进。有人爬上狄德罗大理石雕像的肩头,启蒙哲学家没有提出抗议。更好的观礼台是楼房的窗户,但是看到母亲把婴儿放进屋顶下的檐沟,也会令人大惊失色。日本女画家山本芳翠(Yamamoto)①路过巴黎,她为我们留下一幅生动的水彩画。

  年轻一代的作家,如罗曼·罗兰,如巴莱斯,都是雨果葬礼的见证人。莫洛亚的《雨果传》为我们介绍过他们的回忆文字。法国历史学家勒南(Ernest Renan)的见证:"维克多·雨果是我们法兰西良心团结一致的证明之一。晚年对他的景仰,表明我们还有共同的观点,不分阶级,不分党派,不分教派,不论文学见解;几天以来,公众一直牵挂着他弥留时令人伤心的故事,现在,没有一个人不在祖国的心脏感到巨大的

---

① *Les Grands de tous les temps*, *Victor Hugo*, Dargaud, 1971, p.73.

空虚……仿佛这座古老大教堂的钟楼尖顶,随着此人在本世纪把理想的旗帜高高举起的一生,一起倒下了。维克多·雨果是非凡的伟人;尤其是一个异乎寻常的人,真正是独一无二的人。他几乎是永恒特意指名道姓所创造的人。"①

1871年,雨果在社会上威信扫地。14年后,雨果还是那个雨果,却已成为全国崇拜的神明。应该看到,这是法国在进步。这是法国的历史在进步。法国终于摆脱了君主制的阴影。1879年,随着麦克-马洪总统的下台,随着格雷维总统的上台,长期受到压制的共和思想胜利了,共和国终于站稳了脚跟,成为名副其实的法兰西共和国。共和国没有忘记曾独自在孤岛守护共和思想的雨果,没有忘记声声呼唤共和国的雨果,共和国要感谢顽强反对第二帝国、呼吁共和国新生的雨果。政府更迭,总统上台下台,而人民,人民永远是共和国的基石。

雨果逝世,全社会一片雨果热。6月,一个无名的排字工人写出一首《维克多·雨果》:

给谁送去我们的梦想? 我们的幻想?
又向谁献上我们微不足道的诗章?
又为谁我们会编织鲜花?
谁,为受苦受难者会大呼:救苦救难!
谁,让受伤的人民之间罢斗和停战?
谁,缩拢的手会重又开张?
谁,会来加快促成把囚徒全都解放?
谁,法兰西啊! 永远以你为自己榜样,

---

① Maurice Dessemond, Genève, Georges NAEF, 2002, p. 21.

会对被压迫者说：要勇敢？

《小缪斯》(La Musette)

——法国排字诗人搜索枯肠诗集①

雨果的国葬中没有反对的声音吗？只有极右派和极左派反对雨果，国葬三周以后，法国工人运动的理论家之一，马克思的小女婿保尔·拉法格(Paul Lafargue)写了一篇《雨果的传说》(la Légende de Victor Hugo)："雨果的一切都是广告。"6月1日，国葬那天，拉法格被囚禁在监狱里，他的《雨果的传说》是在监狱里写的。②

雨果的葬礼不是一次文学事件，而是一次历史事件，还可以是一次适合做社会学研究的社会事件。雨果葬礼的全过程，可以是一次社会心理调查的绝佳对象。

1823年，雨果21岁，写下《致星形广场凯旋门》：

高高站起来，直达天顶，胜利的大门！
但愿缔造光荣的巨人
经过时，不必弯腰低头！③

---

① *La Gloire de Victor Hugo*, Edition de la Réunion des musées nationaux, 1985, p.214.
② 程曾厚编选：《雨果评论汇编》，1994年，第204页。
③ 《雨果文集》，第8卷，第45—46页。

第四讲

雨果的诗歌(上篇)

程曾厚讲

我们着重介绍雨果的诗歌、小说和戏剧成就。塞巴谢主编的《雨果全集》不收雨果的绘画创作,这在今天看来是个缺憾。相反,马森主编的《编年版雨果全集》共18大卷,雨果绘画占了整整两卷。12卷本纪念版《雨果文集》(人民文学出版社2002年版),特设绘画一卷。

雨果的诗歌介绍到我国,是近四五十年的事情。1952年,茅盾先生在《文艺报》上撰文说:"可以说,除了诗(因为诗是最难翻译的),雨果的重要作品(小说和剧本)大都有了中文的译本。"[①]现在的情况已大为

---

① 茅盾:《为什么我们喜爱雨果的作品》,载《文艺报》1954年第4期,第6页。

好转。不过,译诗的数量虽大为增加,但质量仍有不尽人意之处。考虑到诗人雨果的重要地位,考虑到中国读者欣赏雨果诗歌的客观困难,我们感到:介绍雨果,阅读雨果,首要的事情仍然是认识诗人雨果,欣赏诗人雨果。1998年,我们说过:"诗人雨果还有待我们去介绍,有待我们去翻译,有待我们去欣赏,有待我们去学习。雨果是一个有待我们去发现的诗人!"①这个情况,今天没有根本的改观。

我们依照年代顺序,对雨果诗歌创作做一个全景式的回顾,对主要诗集的重点作品,停下步来,采撷华章佳句。既要把握雨果诗歌的总体成就,也要对名篇佳作有所亲历和体验。一部小说,和一部诗集不一样,小说是一个整体。小说不读全本读删节本,是煞风景的事情,而面对一部诗集,阅读全本固然痛快,欣赏精彩的篇章,也是赏心悦目的事情。

流 亡 前

《法语诗稿三集》

雨果少时的作品主要是《法语诗稿三集》,是他12岁到18岁之间的习作,主要是在寄宿学校百无聊赖的寂寞生活中写成的,经后人发现和整理,1952年初次出版,有166首之多。我们看到,孩子个人思想感情的倾诉并不多,更多的是反映当时的时尚和文风。诗句写得合乎格律要求,表达合理的思想,迎合学院式的传

---

① 《雨果诗选》,程曾厚译,人民文学出版社1986年版,第24页。

统趣味。少年诗人的习作,更像是出于一个老派老诗人之手。少年雨果是正统保王党,这是从母亲身上继承来的。雨果1860年重睹从前的习作,自评为"我诞生以前所干的蠢事"。

雨果不满14岁被父亲送进寄宿学校,远离母爱的他,向母亲倾诉内心的苦闷:

> 晚上,不幸徒然地给我造成了伤痛,
> 　并且剥夺我的自由,
> 我会从我的这颗十分喜悦的心中,
> 　爆发出兴奋和温柔。
>
> 好亲爱的母亲啊,我欠你实在太多,
> 　是你把我降生下地,
> 是你用乳汁喂我,又是你把我养活,
> 　全靠你的爱心仔细。

雨果在16岁生日的前夕,在夜深人静的半夜里,独自写下一首长150行的长诗:《渴求光荣》。孩子回顾了多年对诗歌的迷恋之后,展望今后,立下大志,要以"诗句赢得光荣",下了决心:"我应该努力流芳百世。"这是孩子的狂妄?还是天才的早熟?

> 光荣之神啊,你有权威,
> 给我在未来一席地位,
> 我正在此地把你歌颂;
> 光荣啊,我憧憬的是你;
> 让你的盛名给我激励,
> 让我的诗句赢得光荣。①

---

① 《雨果文集》,第8卷,第22页。

雨果刚满 16 岁，忽发奇想：《我在荒岛上有何作为》。想象独自一人，来到一个荒岛上。他对自己诗人的天职，对自己身后的诗名，已充满少年气盛的自信。他整天吟诗颂唱，和百鸟齐鸣，和风浪共唱，欢快淋漓，不亦乐乎：

> 如果大风不停地呼啸，
> 不怕讽刺诗，风声很响，
> 讽刺的诗句随风飘扬，
> 我唱得比在巴黎更好。
>
> 岩石是我光荣的见证，
> 我在岩石上写下大名，
> 在我身后，我可以肯定，
> 岩石会记住我的一生。①

1818 年 9 月 6 日，雨果 16 岁半。他隐隐感到在母亲的羽翼下度过的童年即将结束，不无惆怅，在一次"文学宴会"上赋诗《告别童年》：

> 别了，童年美好的岁月，
> 转眼间已经高飞远走，
> 幸福啊，你把我们抛却，
> 幸福稀少，来不及享受；
> 快乐啊，我的灵魂不安，
> 不知为何，曾不感兴趣，
> 你们消失后，我才遗憾
> 地看到你们离我远去！

---

① 《雨果文集》，第 8 卷，第 26—27 页。

> 我痛失的年华,请返回,
> 至少,请返回我的诗篇;
> 我愿意在我逝世之前,
> 以迷人的梦自我安慰,
> 当我的生命即将垂危,
> 再一次梦见我的童年。①

少年诗人怀着不安和恐惧心情,眺望这即将投入的人生旋涡:"不久,我这漂泊的小舟,/唉!将卷进人世的急流,/卷了进去再不会上来。"②

《颂歌集》

1822年,雨果年届20,出版诗集《颂诗及其他》,1824年增补再版,1828年定版称《颂歌集》。每次新版,诗人兢兢业业写序,表明急于要得到社会和文坛的承认。"颂诗"多旧作,少年郎俨然有宫廷老诗人的身份。路易十八为此赐下年金,让雨果得以和阿黛尔完婚。1825年,查理十世登基,雨果应邀去兰斯参加新王的加冕仪式。

颂诗格律规整,但内容并无新意。《颂歌集》的创新是从德国和英国引进"歌行体",形式活泼,便于雨果施展写诗的技巧;内容多中古时期的民间传说,这是浪漫派的特色之一。评论家圣伯夫认为:"不错,他写一首颂诗,就如有人造一具锁!是一具精巧的锁,但毕

---

① 《雨果文集》,第8卷,第27—28页。
② 同上书,第32页。

竟是机械的东西。"① 当然,技巧对诗歌是必不可少的,但技巧本身不是诗歌。

其实,诗人自己也清楚,他对未婚妻说:"诗句本身不算是诗。诗在思想中,而思想来自心灵。"他告诫她说:"阿黛尔,一言以蔽之,诗言德。一颗高尚的心灵和一个出色的诗歌天才几乎总是不可分的。"②《颂歌集》从保王思想起步,反映了他思想上向自由派过渡的轨迹,如《致星形广场凯旋门》。诗人提出"诗"的定义:"诗,是内心对一切事物的感受。"诗人在序言里提出:诗人"应该如同光明,走在人民的前面,给人民指明前程"。序言最后的结论:"让我们希望,19世纪的政治和文学,有朝一日可以归结为一句话:秩序中有自由,艺术中有自由。"③

《颂歌集》的第一首诗题为《诗人在革命之中》,很使我们吃惊。

> 难道正当是岁月黑暗,
> 对兄弟呼喊充耳不闻?
> 仅仅为自己受苦受难?
> 不行,诗人自愿去流放,
> 诗人要安慰大地之上
> 捆住手脚的可怜人类……
>
> 诗人身处罪恶的时世,
> 忠于受到迫害的义士,

---

① 见 A. Thibaudet, *L'Histoire de la littérature française de 1789 à nos jours*, Stock, 1936, p.161.
② 引自莫洛亚著:《雨果传》,第113页。
③ 《雨果文集》,第8卷,第38页。

  颂扬并效仿义胆侠骨；
  诗人妒忌义士的酸辛，
  对于受害者，他有诗琴，
  对于刽子手，他有头颅。①

  长诗洋洋一百行，情思越来越激动，灵感越来越激越："他只有跳进深渊的底，/才会知道深渊有多深。""先知到他临死的时光/监狱牢房是他的圣堂。"②此时，雨果刚满 19 岁："在风暴中出生的雏鹰，/它必须穿透云层飞行，/搏击长空，才飞向太阳！"③这些都是雨果一生的信条。他第一首诗的立意，竟贯彻了自己漫长一生的生活和创作。而"诗人自愿去流亡"，30 年后竟是谶语。

  《我的童年》也是诗人 19 岁时的作品，写追随父亲去意大利的经历。这是诗集中广为流传的一首颂诗，写得不无夸张，但诗意盎然，颇受好评：

  一名士兵要缝制我摇篮里的襁褓，
  就从一面破旗上撕扯下几茎布条，
  他让我在枪架的荫庇下安然入睡。
  一面战鼓上放下我幼年时的马槽。
  钢盔里盛我洗礼的圣水。④

  小维克多"我还不懂事，就在被制服了的欧洲/随着我们得胜的营帐而东奔西走"。甚至"连亲爱的法兰西

---

① 《雨果文集》，第 8 卷，第 39—41 页。
② 同上书，第 42 页。
③ 同上书，第 43 页。
④ 同上书，第 53 页。

还牙牙说得不清/我就使异族人闻声丧胆"①。

集中有几首诗,反映了母亲死后雨果在人生道路上的彷徨和苦闷,感情真挚,显露了未来抒情诗人的才华。《致谢里济山谷》,写一贫如洗的年轻人,烈日当空,长途跋涉,步行去少女家追求自己的幸福:

> 他生活中遇到的是厌恶接着厌恶。
> 虚假的傲慢何必羡慕虚假的财富!
> 他寻求忠实的心,痛苦时彼此相依;
> 枉然;他在路途中无人能为他撑腰,
> 人世间无人能为他有欢乐而欢笑,
> 　无人能为他流泪而哭泣!
>
> 他的命运是遗弃;他的生活很孤独,
> 如同生长在山谷深处黑黑的柏树。
> 这贞洁的百合花离它远远地绽开;
> 从来也没有一株年轻多情的葡萄,
> 　和他相伴,免他形影相吊。
> 愿给阴沉的树枝缠上绿绿的彩带。
>
> 还没有爬上高高的山地,
> 这行路人一时间在谷中怯步回头。
> 至少,这寂静无声和他的烦恼相投。
> 他在人群中孤单;此地的乡村美丽,
> 　却是孤独伴随他的左右。②

---

① 《雨果文集》,第8卷,第55页。
② 同上书,第47页。

《东方集》

1829年1月23日,《东方集》问世,收诗41首。1821年,希腊人民爆发反抗土耳其统治的武装斗争,赢得欧洲各国人民的同情和支持。1824年,英国浪漫主义诗人拜伦在希腊前线逝世。同年,法国浪漫主义画家德拉克洛瓦展出油画《希俄斯岛的屠杀》,欧洲和法国的知识界和文艺界都声援希腊人民争取独立的斗争。雨果在《东方集》的序言中说:"整个大陆倒向了东方。"《东方集》顺应了社会的潮流,扣紧了时代的主题。

《东方集》为法国浪漫主义打开新的天地:色彩缤纷的东方世界。诗人对色彩感到强烈的兴趣。雨果用多彩的画笔,描绘出他想象中迷人的东方世界。《东方集》是视觉的享受。《颂歌集》给人的印象是老气横秋,《东方集》的诗人充满青春的活力。法国作家克洛德·鲁瓦(Claude Roy)认为:"《东方集》复活了法国诗歌中的轻快和优雅,两个世纪以来,非常准确地说,从七星诗社和路易十八的诗人们以来,这轻快和优雅的秘密已经丧失了。"①

《东方集》的第一首《天火》,评论家都注意到具有史诗的气魄和特征。《圣经·创世纪》载:戈摩尔和所多姆两座城市因淫乱无度,被上帝用"硫黄和火"毁灭。记述的内容十分单薄。雨果发挥他的想象力,极力铺陈远古时代的文明和建筑,洋洋洒洒,300多行,

---

① Claude Roy: *Notes sur la lecture des poètes nommés Victor Hugo*, «Europe», numéro spécial, 1952, p. 82.

色彩绚丽,音调铿锵。请看古埃及：

> 埃及！——但见埃及的麦穗一片片金黄,
> 斑驳的田野仿佛花地毯一般漂亮,
> 　　平原的远处是平原不断；
> 北方的水大而冷,南边是滚滚热沙,
> 埃及被一分为二：然而这一个国家
> 　　在两片大海中笑得多欢。
>
> 人建造的三座山构成大理石三角,
> 在远处刺破蓝天,但人眼不见其脚,
> 　　不见其黄沙漫漫的基础；
> 从其尖尖的塔顶直到金黄的黄沙,
> 由上而下,一级又一级,越往下越大,
> 　　每一级要跨三米的大步。①

上帝的眼睛看到了罪恶的城市：

> 啊！地狱里的城市,发狂而人欲横流！
> 城里每时每刻在发明可怕的享受,
> 每个屋顶下都有肮脏的秘密深藏,
> 这两座城市玷污世界,像两个溃疡。
>
> 然而,一切已入睡：一缕苍白的亮光
> 也几乎没有笼罩城市的额头之上,
> 淫乱的灯光刚刚亮起便消失不见,
> 街上已被遗忘的盛宴有余光点点。
> 巨大的墙壁拐角被月光照得很白,
> 黑暗中看得清楚,倒影在水中摇摆。

---

① 《雨果文集》,第8卷,第92页。

> 也许,人们在平原隐隐地听不仔细:
> 接吻声受到压抑,气喘声夹杂一起,
> 两座姐妹城已对白昼的火光厌倦,
> 懒洋洋低声细语,只求有两情缱绻!
> 风儿在叹息,吹拂新鲜的无花果树,
> 已全身香透,从戈摩尔吹到所多姆。
> 浓黑的乌云正好这时候飘过天际,
> 于是,天上的声音大喊道:——正是此地。①

于是"天空变成了地狱!"

诗人声援希腊人民斗争的诗篇并不很多,但《月光》和《希腊孩子》都写得引人入胜。诗人来到被土耳其血洗的希俄斯岛,询问幸存的希腊孩子要什么:

> 要什么?要花?神果?奇鸟的歌声悠悠?
> 那蓝眼睛的希腊孩子告诉我:"朋友,
> 我只要火药,我还要子弹。"②

《东方集》的音乐性出神入化,请听《奇英》。"奇英"是阿拉伯民间传说中的精灵。雨果从寂静的两音节诗句起篇,让十音节的喧闹诗句到达高潮,最后又以两音节的安静诗句回归和终篇。《奇英》使人想起法国作曲家拉威尔(Maurice Ravel)的《波莱罗舞曲》(Boléro)。《波莱罗舞曲》是听觉的享受,而《奇英》有视觉、听觉和精神的多重享受。

> 高墙,城市,
> 以及港口,

---

① 《雨果文集》,第 8 卷,第 97—98 页。
② 同上书,第 113 页。

现在都是

死的范畴,

大海昏冥,

微风消停,

万物入静,

长夜悠悠。……

奇英已经逼近!——快快应付,
把藏身的大厅关得紧紧。
外面什么声音?吸血蝙蝠
和凶龙的丑恶大军入侵!
屋顶已裂开,大梁已倾倒,
像是一茎湿漉漉的小草;
古老的大门虽锈得很牢.
快要挣脱铰链,摇晃频频!

地狱的喊声!是嗥叫,也是哀鸣!
北风呼啸,把这支可怕的队伍,
天哪!大概吹落在我家的屋顶。
墙在乱军的践踏下弯腰屈服。
屋子在呼叫,踉踉跄跄要摔倒,
像是大风要把房子连根拔掉,
把房子当成枯叶使劲地抽扫,
并一起在精灵的旋涡里飞舞!……

人们怀疑,

夜深人静……

我听仔细:——

无踪无影,

一切告终;

> 声音种种,
> 都在空中,
> 被抹干净。①

《浴女萨拉》同样令人陶醉:

> 盛得满满的水池一方,
> 　　有泉水流淌,
> 引自伊利苏斯的河水;
> 萨拉这懒洋洋的美人,
> 　　在上面解闷,
> 摇晃着吊床没有入睡。
>
> 这架纤细柔嫩的秋千,
> 　　清晰地显现
> 在这透明的一片水镜,
> 这位皮肤白皙的浴女,
> 　　低下了身躯,
> 低得可以把自己看清……②

1985年,巴黎大王宫美术馆举行盛大的"雨果光荣展",我们在展品目录上看到《浴女萨拉》出版后,法国画家竞相为浴女作画,有16幅之多,画家比读者更敏感,更能感受到"赤身裸体的天真少女/刚刚才出浴,/两条玉臂上叉着双手……"③

---

① 《雨果文集》,第8卷,第116—121页。
② 莫洛亚:《雨果传》,第190—191页。
③ 同上书,第191页。

《秋叶集》

1831年11月底,《秋叶集》出版,收诗40首。从1831年至1840年,雨果相继发表《秋叶集》、《暮歌集》、《心声集》和《光影集》四册抒情诗集,奠定其浪漫主义抒情诗人的地位。《秋叶集》集名的寓意是明显的。"秋叶"落下,愁绪纷纷,这是忧伤的季节。诗人唱过慷慨激昂的颂诗,画过绚丽多彩的东方,现在咏唱秋叶,当然是一个转变。1830年,雨果的剧本《埃尔那尼》上演成功;1831年,成功出版小说《巴黎圣母院》。一个而立之年的作家,接二连三在文坛取得辉煌成就,有什么忧伤可言呢?

文坛的成就是身外的,诗人的忧伤在内心。在家庭生活方面,诗人父母双亡,长子出生后夭折,二哥欧仁精神失常。雨果和阿黛尔的夫妻感情亮起红灯,事实上开始分居。情人朱丽叶还没有走进他的生活。所以,《秋叶集》的序言说:"这是对现时,更是对往日忧伤和无可奈何的回顾。"① 此外,对穷人生活的关心,对人类命运的思考,是《秋叶集》中新的内容。

我们看到,雨果诗集的第一首诗,都具有特殊重要的意义,《秋叶集》并不例外,熟悉雨果的专家和读者,都记得下面几句诗体自传:

> 本世纪正好两岁!罗马替代斯巴达,
> 拿破仑脱颖而出,本来只是波拿巴,
> 首席执政的冠冕已经显得太窄小,

---

① 《雨果文集》,第8卷,第134页。

> 多处已经被戳穿,露出皇帝的头角。
> 这时候在贝桑松,一座西班牙古城,
> 有个布列塔尼和洛林的孩子诞生,
> 有风刮起,他像颗种子便落地安身,
> 孩子脸上无色,嘴里无声,眼中无神;
> 他简直是个怪物,这般萎弱和羸瘦,
> 人人见了都摇头,只有母亲肯收留,
> 小脖颈东倒西歪,细得如芦苇一般,
> 无奈只好一边做棺材,一边做摇篮。
> 这个已被命运从大书上勾掉名字,
> 这个甚至连明天都活不成的孩子,
> 就是我。——①

这时期雨果的自我定义是"响亮的回声":

> 崇敬的上帝把我铿锵有声的灵魂,
> 如同一个响亮的回声,放进了乾坤!②

《秋叶集》中的《山上听到的声音》,尤其是《幻想之坡》,受到雨果研究专家的普遍重视。《幻想之坡》的价值不在于诗篇本身,在于预示了 50 年代雨果一系列启示录式的幻觉诗的出现。《幻想之坡》对人类历史进程的幻视而言,可以说是《历代传说集》中《产生本书的幻象》的雏形,蕴涵了《历代传说集》的萌芽。雨果诗的特色,起笔平常:

> 这群严肃、忠实的朋友们晚上光临,
> 我们大家或眺览观望,或促膝谈心……③

---

① 《雨果文集》,第 8 卷,第 135—136 页。
② 同上书,第 138 页。
③ 同上书,第 153 页。

最后思绪连绵,越来越远,越来越深:

> 再说,我目之所见如要为你们描述,
> 我担心很难:这像一座大型建筑物,
> 层层叠叠,堆满了不同世纪和地点;
> 我们看不到边缘,也看不到其中间;
> 每个层次上都有人民、种族和国家,
> 成百上千的工匠把自己痕迹留下,
> 上上下下地忙碌,日以继夜地劳动,
> 只讲自己的语言,彼此间言语不通;
> 而我呢,我在寻找有谁能和我应答,
> 我一层一层跑遍世界这座巴别塔。
>
> 啊!这时间和空间是个双重的大海,
> 人类这艘船永不间断地驶去驶来……
> 我的思想潜入进陌生的波涛之中,
> 独自赤身裸体地在深渊底层游泳,
> 一端是见未所见,一端是无法言传……①

文学事业的辉煌,掩盖不了内心的忧伤。《秋叶集》中的愁绪反映在下面这首著名的诗里:

> 唉!我一封封情书,贞洁、青春的书信!
> 正是你们!你们的醉意还使我醉心,
> 　　我读你们,跪下双膝。
> 请让我恢复青春,哪怕是一天时间!
> 我幸福,我也明智,请让我躲在一边,
> 　　让我捧着你们哭泣!……

---

① 《雨果文集》,第 8 卷,第 157—158 页。

啊！这甜蜜的往事，无瑕的青春少龄，
她那白色裙袍上系有我俩的爱情，
　　都在我们身边回归；
叫人多留恋！面对你们青春的迷梦，
如今手上只剩下枯萎的残片一捧，
　　有多少辛酸的眼泪！①

《救济穷人》本是即兴的应景诗。1829年至1830年的冬天，巴黎奇寒。雨果的这首诗售价一法郎，收入用来救济穷人。诗人向"富人，幸运儿"呼吁：

你们可想过，正当冰霜是刺骨寒心，
他没有工作，是个饥寒交迫的父亲？
他低声自语："此人财产可真是不少！
盛大的酒宴席上，这么多朋友欢呼！
儿女在对他微笑，这财主多么幸福！
他们的玩具是我儿女的多少面包？"

他把你们的宴会在心中加以对比；
可从来没有火光闪耀在他的家里，
他的孩子在挨饿，孩子母亲穿破布，
祖母躺在小堆的干草上，一声不吭，
唉！正是寒冬腊月，她身上已经冰冷，
　　冷得简直可以送进坟墓。②

上个世纪60年代，国内批判人道主义思想，这首诗曾被列为人道主义的样品。

---

① 《雨果文集》，第8卷，第143—144页。
② 同上书，第159—160页。

《朋友,最后一句话》是《秋叶集》的压卷之作。从"响亮的回声"到"朋友,最后一句话",应该是逻辑的必然发展。诗人跳出一己的小我:"我是世纪的儿子!/……我虽然看破一切,对你们崇敬依旧,/你呀,神圣的祖国!你呀,神圣的自由!"诗人说"我十分憎恨压迫,憎恨得无以复加"①。列数强国凌辱弱国的现状后,结论是:

> 我感到诗人就是审判他们的法官!
> 感到愤怒的诗神以强有力的手腕,
> 可以把他们绑上当做刑柱的王座,
> 他们怯懦的王冠就是他们的枷锁,
> 还可以赶走这些有人祝福的国王,
> 在额头印上一句抹擦不掉的诗行!
> 诗神对被宰割的人民应牢记心中。
> 啊!于是我忘却了爱情、家庭和儿童,
> 忘却健康的情趣,忘却柔和的歌吟,
> 我把青铜的琴弦添加上我的诗琴!②

《暮歌集》

《暮歌集》的集名需要解释。原题中的"暮"字,法语可双解,古义可作日出前的微光,今多指日落后的暮色,都指一种似明又暗的朦胧时刻。1835 年 10 月 27 日出版的《暮歌集》是旧译名,实为《朦胧之歌》。"朦胧"的引申意义是"犹豫"、"彷徨"和"等待"。诗集的

---

① 《雨果文集》,第 8 卷,第 170 页。
② 同上书,第 172 页。

第一部分是政治抒情诗,第二部分是《秋叶集》的继续和延伸。政治立场上,诗人告别了复辟王朝,但对新政权的走向心中无数,持观望态度。在个人生活方面,《暮歌集》既讴歌美丽的情人朱丽叶,又赞美贤惠的妻子阿黛尔。这种新局面稳定吗?不得而知。情人和妻子都不可或缺,这需要某种难度极大的平衡艺术。《暮歌集》中人的心态是怀疑,是等待,是希望。诗人自称:"他不在否定的人群中,也不在肯定的人群中。他是抱有希望的一分子。"①

长诗《一八三〇年七月后述怀》成稿于 1830 年 8 月 10 日,离"七月革命"结束仅仅 10 天时间。雨果讴歌英勇起义的战士,讴歌鲜血争来的自由。这是一首火辣辣的政治抒情诗。诗人看到了人民的力量:

> 你们砸烂了桎梏,仅仅用三天时间,
> 你们是勇士们的先锋,已一马当先,
> 你们是巨人生下的后代!② ……

> 而人民,人民这一只雄狮
> 对自己的爪子看了又看?③ ……

> 昨天,你们只是人群一堆,
> 今天,你们已经成为人民!④

诗人受到自由胜利的鼓舞,对革命的巴黎人民满怀希望:

---

① 《雨果文集》,第 8 卷,第 176 页。
② 同上书,第 178 页。
③ 同上书,第 181 页。
④ 同上书,第 183 页。

程曾厚讲
雨 果

> 洋溢在你们火热的心胸,
> 是更加崇高的雄心壮志!
> 要让一切思想自由运动,
> 要让一切民族独立自治。
> 漫漫的长夜里还有人在,
> 向他们昭示自由的光彩!
> 去吧,照亮道路,共同出发,
> 要让我们以一致的步调,
> 并朝向一个崇高的目标,
> 加快全人类前进的步伐!①

但是,诗人迎接新曙光的同时,对倒下的旧王朝不无同情:

> 不要羞辱流亡时蹒跚而去的老人!
> 对废墟手下留情,要有尊敬的习惯。
> 不幸已经给皓首白发戴上了荆冠,
> 我不会再把荆冠在头上按得深深!②

1832年7月22日,拿破仑唯一的儿子,史称"拿破仑二世",21岁患肺病夭折。雨果已经完成自由派的立场转变,现在又是拿破仑史诗的缔造者。《拿破仑二世》是咏唱拿破仑史诗的名篇之一,具有浓厚的史诗气概。我们看诗中的皇帝:

> 他们话没有讲完,彩云又亮又高深,
> 豁然开朗,只见那身负重命的伟人,
> 在世界之上站起来,

---

① 《雨果文集》,第8卷,第186页。
② 同上书,第184—185页。

> 各方人民都目瞪口呆,都屏息静气,
> 因为他伸出双臂,向大地高高举起
> 　　一个新生的小男孩。①

帝国虽后继有人,但拿破仑的命运不可预测:

> 噢! 明天,明天是莫测高深!
> 明天到底会有什么含义?
> 今天播下原因的是凡人,
> 明天产生结果的是上帝。②……
>
> 你们知道,历史的巨人是什么下场?
> 六年间,我们看到远离非洲的海上,
> 一代天骄被锁进了樊笼,
> 这是各位谨慎的国王设下的牢房。
> ——"不要流放任何人! 噢! 流放多么肮脏!"③

诗人写拿破仑在囚笼里思念儿子的场面,是抒情气氛感人的史诗,读来令人欷歔不已:

> 在无聊的笼子里,他只有东西两样:
> 一是世界的地图,二是孩子的肖像,
> 　　他的天才和爱尽在于此!④……
>
> 不! 这是半张小嘴安睡的漂亮小孩,
> 金发红腮的面影萦回在他的脑海,
> 　　孩子有曙光般美的面容,
> 　　而着迷似的奶妈,她情意十分深切,

---

① 《雨果文集》,第 8 卷,第 192—193 页。
② 同上书,第 194 页。
③ 同上书,第 198 页。
④ 同上。

>　　用一滴停在奶头不滚下来的奶液,
>　　　微笑着把他的红唇逗弄。①

《暮歌集》的《市政厅舞会有感》,尖锐地提出社会的贫富分化问题,对新王朝的权贵们提出警告。我们看到,这时候雨果对七月王朝有批判和揭露的一面:

>　　权贵们!我们最好把某些伤口包扎,
>　　沉思的哲人此刻正为之感到害怕;
>　　最好是撑住地下通往上面的楼梯,
>　　最好是减少绞架,扩大工场的场地,
>　　最好是想想孩子没有面包和阳光,
>　　对忧伤、不信神的穷人还他以天堂,
>　　不是点亮华丽的吊灯,也不是夜间
>　　让疯子们围着一点声音彻夜不眠!②

下面这首小诗,形象清丽,寓意深刻,我们全录如下。情人朱丽叶已经走进诗人的生活,我们不禁想起她的不幸身世。

>　　　"噢!千万不要侮辱一个失足的妇女!"
>
>　　噢!千万不要侮辱一个失足的妇女!
>　　谁知道什么压力才使她受此委屈!
>　　谁知道她和饥饿斗争了多少时间!
>　　这些憔悴的妇女,我们谁没有看见,
>　　灾难的风一阵阵动摇她们的贞操,
>　　她们疲惫的双手把贞操紧紧握牢!
>　　如同枝头有一滴雨水,晶莹而可爱,

---

① 《雨果文集》,第8卷,第200页。
② 同上书,第203页。

> 雨水在闪闪发光,映出天空的光彩,
> 摇摇树,雨滴一抖,挣扎着不肯下坠,
> 落下以前是珍珠,以后成污泥浊水!
>
> 错误在我们;在你,富人!你为富不仁!
> 这一滴污泥浊水所包含的水很纯。
> 为了让水珠能从尘埃中脱身而出,
> 重新变成最初时容光焕发的珍珠,
> 如同万物少不了对于光明的依赖,
> 只要有一线阳光,有一点温暖的爱!①

《心声集》

《心声集》于1837年出版,集中的诗篇在内容和风格上相当统一。

《心声集》反映诗人的"心声"。诗人在"序言"中称:"如果说人有其声,如果说自然有其声,则事件也有自己的声音。作者总是认为,诗人的使命是把包括三方教导的这三方面话语融合在一组歌里,人的声音尤其诉之于心中,自然的声音诉之于灵魂,事件的声音诉之于思想。"②事实上,《心声集》仍以抒情诗为主,咏唱家庭、爱情和大自然。这是《秋叶集》和《暮歌集》的继续。这期间,诗人和国王的儿媳奥尔良公爵夫人建立了友谊,但诗人仍然保持自己的独立性。诗人生活中最重要的事情,当然是和情人朱丽叶虽有波折、终究恩爱的关系。朱丽叶深居简出,全身心地把自己奉献

---

① 《雨果文集》,第8卷,第205—206页。
② 同上书,第215页。

给诗人的生活和事业。雨果并为自己抒情诗人的身份创造了"奥林匹欧"(Olympio)的化名,成为诗歌史上的一个典故。诗人在"序言"中强调诗人对社会的教化作用,认为"诗人有严格的目的:从政党的高尚方面而论,诗人属于一切政党,从政党的恶劣方面而言,诗人不属于任何政党"。

"诗人的力量来自其独立性。"①

诗人在题为《致奥×××》的小诗中,把舞会上见到朱丽叶的景象,写成火药看见火星的关系,妙不可言:

> 当时,你还并没有见过她;那个傍晚,
> 正当星星开始在天幕上金光闪闪,
> 她鲜艳美丽,突然出现在你的近旁,
> 那地方虽然辉煌,有了她黯然无光。
> 她的头发里,但见万千颗钻石闪耀;
> 她的一举和一动,使乐队慌了手脚,
> 年轻、高大、白皮肤、黑眼睛,满面春光,
> 令大家目瞪口呆,使人人如醉似狂。
> 她全身都是热情在笑,是热火在烧。……
> 她嫣然一笑,如同曙光在大放光明,
> 她那光亮的肩膀,更加光亮的眼睛,
> 仿佛光彩夺目的大楼里两扇小窗,
> 眼睛里能看见她火热的心在闪光。
> 她走过来,走过去,如同是一只火鸟,
> 在多少心里播下火种,自己不知道,

---

① 《雨果文集》,第 8 卷,第 216 页。

大家随她迷人的舞步忽东又忽西,
人人盯着的眼睛都看得目眩神迷!

你,你虽然凝视她,你却不敢靠近她,
因为,满桶的火药对于火星就是怕。①

也难为这位善于在妻子和情人之间保持平衡的诗人,他的家庭生活仍然很幸福:《你们来看,孩子们围坐成一个圆圈……》主要写妻子的贤惠:

到她的身边,孩子嬉笑,再没有哭叫,
她的心和孩子们同样纯洁和美好,
她的品格如此玉洁冰清,
生活里不断操劳,关怀得无微不至,
母亲的日日夜夜,母亲的夜夜日日,
都一一变成不绝的诗情!②

《光影集》

《光影集》于1840年5月16日发表,是30年代四部诗集中的最后一册,也是雨果流亡前出版的最后一部诗集。诗人表示,读者可在《光影集》里发现:"本书是前三集的继续。只是在《光影集》里,也许视野更宽阔,天空更湛蓝,安静更深沉。"③

"光"和"影"可以象征幸福和不幸。这三年间,诗人的生活似乎充满阳光。长子夏尔和长女莱奥波特蒂娜都已长大成人。大女儿已经订婚。诗人在朱丽叫的

---

① 《雨果文集》,第8卷,第222—223页。
② 同上书,第225—226页。
③ 同上书,第231页。

陪同下，在诺曼底及南方等地区游历，足迹远涉比利时和法德边境的莱茵河流域，丰富了诗人的想象力，激发了诗人的创作灵感。1840年，法兰西学士院的大门即将被诗人撞开。

"序言"中说：诗人"有时候会像朋友一样去草原看望春天，去卢浮宫看望国王，去监狱看望流放犯"。这是独来独往的诗人人格。诗人明确说："我爱太阳。"诚如"序言"所说："作者认为，凡是真正的诗人应该包容自己时代各种思想的总和。"《光影集》表明，雨果想做一个"完整的诗人"①。有光有影，事物才呈现出完整的面貌。

《光影集》最重要的诗篇，是《诗人的职责》，既和《颂歌集》最初的抱负相衔接，更预示雨果流亡后崭新的诗人使命。诗人应该是引导人民走向进步的精神领袖。

《光影集》收录的好诗很多。开篇第一首是《诗人的职责》：

> 诗的创作里没有仇恨。
> 其中没有锁链和窘困；
> 草地和山峦与人为善；
> 阳光可为我解释玫瑰；
> 面对万物的从容可贵，
> 我的灵魂才金光闪闪。② ……
>
> 诗人当此亵渎的时光，

---

① 《雨果文集》，第8卷，第231—232页。
② 同上书，第235页。

来为美好的岁月铺路。
诗人对于乌托邦向往;
脚站在此地,眼望别处。
诗人应该和先知相仿,
任何时代,在人人头上,
用他的手,把一切主宰,
不问对他颂扬或辱骂,
如他手中挥舞的火把,
把未来点亮,大放光彩!① ……

请你倾听诗人! 啊,人民!
沉思者神圣,请你倾听!
否则你长夜无穷无尽,
只有诗人才额头光明!
只有他看透未来依稀,
能在未来朦胧的怀里,
认出这种子将会发芽。
他是男人,像女人温顺。
上帝轻轻向他的灵魂
如同和森林、流水说话!② ……

诗人神采奕奕! 诗人把
火焰投向永恒的真理!
让永恒真理大放光华,
为心灵射出光芒神奇!
诗人还向茅屋,向宫廷,

程曾厚讲
雨果

---

① 《雨果文集》,第 8 卷,第 236 页。
② 同上书,第 245 页。

> 向城市、沙漠放出光明,
> 还照彻平原,照彻山冈;
> 登高向人人揭示真理,
> 把帝王牧人引向上帝,
> 因诗歌是引路的星光!①

八音节的长诗长306行,佳句迭出,不胜枚举:"自然是架巨大的诗琴,/而诗人是神圣的琴弓!""思想家如果放弃责任,/独自走出城市的大门,/成为无用的歌手,可耻!"②"诗人的梦想充满爱心","感到你心里有一根弦,/为普天之下的人颤抖","愿你保持原有的信念,/不论你欢乐或是不幸,/能有时看看,悠悠闲闲,/看孩子,看花朵,看星星"③。

我们读到下面的诗句,已经能看到《惩罚集》的诗人在《光影集》里诞生了:

> 仿佛云中的苍鹰高高,
> 我们将听到讽刺诗人
> 发出开怀胜利的大笑,
> 嘲讽犹如阿里斯多芬。
> 佩特里尼乌斯会苏醒,
> 会暗中握住尖刀一柄,
> 痛斥我们无数的耻辱。
> 奋起的阿尔基洛科斯,
> 诗句长短,并手执鞭子,

---

① 《雨果文集》,第8卷,第246页。
② 同上书,第236页。
③ 同上书,第244页。

针砭我们时代的可恶!①

1837年10月,雨果怀着虔诚的心情,独自重访三年前和情人欢会的莱梅村旧居,发现作为他幸福见证的自然环境已面目全非,感慨系之。雨果回来,惆怅不已,写下《奥林匹欧的悲哀》。这首长诗是法国浪漫主义抒情诗的名篇,与之齐名的有拉马丁的《湖》、维尼的《牧羊人的小屋》和缪塞的《回忆》。

> 事物已今非昔比,时间却如此短暂!
> 安详的大自然啊,你就如此地健忘!
> 你可以瞬息万变,你轻易地就割断
> 把我们的两颗心系住的神秘线网!……
>
> 我们相逢的地方,别人也会来相逢,
> 我们盘桓的场所,别人也会来盘桓。
> 由我们两颗心灵开始的这个美梦,
> 别人会继续下去,但是不可能做完!
>
> 因为,人世间无人能作最后的安排;
> 纵然是酒囊饭袋,和英雄豪杰相同;
> 做梦到同一地方,我们人人会醒来。
> 万物在此地开始,万物到彼岸告终。②

雨果一生关心两件大事:大海和巴黎。《黑沉沉的海洋》写水手的不幸生活,是他最早写大海的名篇:

> 以后,连对你们的回忆也完全消亡。
> 躯体消失在海里,名字消失在心中。

---

① 《雨果文集》,第8卷,第241—242页。
② 同上书,第262—264页。

  时间投下的阴影一个比一个更浓。
  无情的海洋不够,加上无情的遗忘。……

  每当在狂风暴雨作威作福的夜晚,
  你们头发已花白、等得绝望的寡妻,
  拨动炉火的时候翻动心头的回忆,
   才会对你们又说个没完!……

  沉没在黑夜里的水手究竟在何方?
  你们知道有多少凄惨的故事,波浪!
  波涛!双膝跪下的母亲害怕的波涛!
  你们在涨潮时刻把故事相互叙讲,
  这就是为何每到黑夜你们的声响,
  在向海边涌来时竟是绝望的哀嚎!①

  对于30年代的这四部诗集的各自特色,雨果研究专家巴雷尔认为:"《秋叶集》里有更多的内心感受,《暮歌集》有政治色彩,《心声集》有哲理意味,《光影集》里有更多的形象和画面。"②

流 亡 中

《惩罚集》

  《惩罚集》是一部政治讽刺诗集。1851年12月2日,路易·波拿巴总统发动政变。雨果和共和派组织抵抗失败。11日,雨果出逃布鲁塞尔,痛定思痛,决心成为法兰西愤怒的良心。他写成政治性抨击小册子

---

① 《雨果文集》,第8卷,第280—281页。
② 巴雷尔:《雨果传》,第128页。

《拿破仑小人》。雨果在英属泽西岛开始流亡生涯。诗人面对大海,诗的灵感像海的波涛,在心中涌动。

诗人选定《惩罚集》的集名,以诗的形式处理《拿破仑小人》的主题:"这个混蛋只给烤了一面,我在烤架上将他翻个身。"①诗人对《惩罚集》的整体结构有设计。全书以《黑夜》开篇,象征政变后苦难深重的法兰西;以《光明》压卷,象征人类解放后世界大同的共和国。中间设7卷,前6卷反用政变的宣传口号:"社会得到拯救","秩序得到整顿","宗教得到颂扬","权威得到尊重","安定得到保障",第7卷卷名是雨果的文字游戏:"救命恩人逃之夭夭",从字面上说是"救命恩人会救自己"。7卷共98首诗,加上《黑夜》和《光明》两首长诗,合成100首的整数。

雨果的讽刺诗继承古代罗马的讽刺诗传统,并有发展,自成气候,成为讽刺诗的典范。100首长短不一、语调不同的讽刺诗,滚滚而来,合成一首气势磅礴的"惩罚"交响乐。诗人或揭露,或痛斥,或嬉笑,或怒骂,或冷嘲,或热讽,语言之刻薄,针砭之无情,都是空前的。6000行诗句讽刺一个暴君,艺术上容易流于单调和庸俗。诗人为烘托鞭笞和羞辱的基调,调动了诗的多种手段。除讽刺体裁外,史诗灵感占有突出的地位,抒情的风格随处可见,甚至连戏剧的技巧也偶有表现。

罗曼·罗兰对《惩罚集》有一段回忆:"而我,我当时还没有读过这本书,可我经常听到这本书名,如同一

---

① 《雨果文集》,第8卷,第286页。

本战斗的《圣经》……"①

《四日晚上的回忆》是集子中的名篇。政变的军队"格杀勿论",枪杀了7岁的男孩。雨果亲历其事,用家常的散文式语言写道:"这个孩子在头上被打了两颗子弹。"外祖母在哭喊:

"孩子他可并没有喊过共和国万岁。"
我们都脱帽站着,沉痛得无从开口,
面对无法安慰的伤心事瑟瑟发抖。②

第二帝国成立。《既然正义者在深渊受难》表达了诗人抗争到底的决心:

啊,我的心在对你们微笑,
尊严,信仰,品德,都在蒙羞,
你是伟大的流放者,自由,
忠诚,你被放逐,仍然骄傲!③

《惩罚集》里有诗人在法国政变前写下的决心:《一八四八年诗人自诫》写于1848年11月27日。我们看到身为政治家的雨果,始终保持一颗诗人的心,他的言和行是一致的。全诗如下:

你不应追求权力,你应去别处寻觅
自己投身的事业;你另有一番天地,
面对机会,你应该清清白白地止步。
你应该忧心如焚,应该温柔又严酷,

---

① R. Rolland, *Le Vieux Orphée*, *Europe*, Noméro spécial, 1952, p. 19.
② 《雨果文集》,第8卷,第302页。
③ 同上书,第305页。

不论被别人理解或轻蔑,你的责任
是祝福人的神甫,是守护人的牧人。
同是一个法兰西、一个巴黎的儿女,
他们会因为贫困而有恼怒的情绪,
彼此间自相残杀,而当阴沉的街垒
猛然出现在每个街头,阴森而可悲,
从各个地方同时大量地倾吐死亡,
你应该独自奔走,身上也不带刀枪;
面对这一场可恶、可怕、可恨的战争,
你应该挺起胸膛,你应该表露心声,
你应该拯救弱者和强者,振臂高呼,
对枪林弹雨微笑,为死者亡灵哀哭;
然后,静静地返回自己孤独的岗位,
回到激烈交锋的议会大厅里,捍卫
会被人放逐的人,会被人判罪的人,
推倒绞刑架,保护因党派唯我独尊、
因而动摇的秩序,因而动摇的和平,
保护我们很容易受骗上当的士兵,
保护你兄弟,扔进牢房的普通难友,
保护法律,保护可怜而自豪的自由;
当此惶惶不安又焦虑忧愤的时代,
安慰战栗和哭泣的神圣艺术,此外,
等待至高无上的决定性时刻来到。
你的作用是警告世人,清醒地思考。①

程曾厚讲

雨果

水能载舟,也能覆舟。《致人民》比喻大海有涨

---

① 《雨果文集》,第8卷,第341—343页。

潮,而人民没有起来。在诗人笔下,大海不仅是一个比喻,是一个象征,大海对沉睡的人民,还是一个沉痛的责备。

  大海和你一样;大海可怕,大海和平。
  大海又无边无际,于动荡中见宁静;
  大海有波澜起伏,大海有浩瀚恢弘。……

  人民啊;只是我们站立在神圣海滩,
  我们在凝目沉思,等待海潮的到来,
  大海从来不骗人,从不骗人是大海。①

  1852年12月,政变一周年,第二帝国实行部分大赦,要被赦者写悔过书,保证不反对帝制。702名流亡者思乡心切,返回法国。雨果作为回答,写下这首气壮山河的《最后的话》,"我就是最后一名!"是诗人的自我写照:

  法兰西!我会忘记一切,但责任为大,
  我将把我的营帐扎在不幸者中间,
  我始终是流亡者,但永远不会倒下。

  我接受流亡生涯,即使它没有尽头;
  我根本不想知道,我也不想去思量,
  是否有人本指望留下,却已经远走,
  是否某人本以为坚定,却已经投降。

  如果还有一千人,那好,就有我一份!
  即使还有一百人,我要和暴君拼命!
  如果剩下十个人,我就是第十个人!

---

① 《雨果文集》,第8卷,第371—372页。

如果仅有一个人,我就是最后一名!①

《惩罚集》的一个亮点是史诗的灵感。主要有两首长诗:《致盲从的军队》和《报应》。《致盲从的军队》从歌颂法国大革命开始:

"义勇军将士们,"大革命向他们呼喊,
"为解放兄弟的各国人民决一死战!"
　　他们高兴地回答:"行。"
"出发,年老的战士,嘴上无毛的将军!"
于是,这些赤脚的大兵去建立功勋,
　　向惊讶的世界挺进!

他们不知道何谓心惊,又何谓胆战。
如果这些天不怕、也地不怕的好汉,
　　在豪迈的行军途中,
回头一看,伟大的共和国在向他们
指指头上的天顶,那他们毫无疑问,
　　会攀登上蓝天碧空!②

诗人又以替天行道的姿态,独自深入魔窟而结束全诗:

上帝啊,我的上帝!请借我你的威力!
我平民百姓走进这科西嘉人家里,
　　来到这个畜生面前;
挥舞我阴森森的圣火燃烧的诗稿,
走进他家里,主啊,我心中怀着公道,

---

① 《雨果文集》,第8卷,第393页。
② 同上书,第309页。

>而我的手里握着皮鞭,
>
>我翻卷我的衣袖,仿佛驯兽师来到,
>
>恶狠狠独自一人,神圣的怒火中烧,
>
>>挥动着死者的尸衣,
>
>像个人见人怕的冤家,一心想复仇,
>
>要一脚踢倒魔窟,要一脚踩死野兽,
>
>>踢倒帝国,踩死皇帝!①

《报应》是写拿破仑的史诗,写拿破仑失败的史诗,先是莫斯科的溃败:

>天下着雪。有人被自己的胜利打败。
>雄鹰可是第一次低下自己的脑袋。
>阴暗的日子!皇帝缓步地在往回走,
>把熊熊燃烧着的莫斯科留在身后。……
>这已经不是军人,没有热乎乎的心;
>这是莫名其妙的梦在浓雾中行进,
>是昏黑的天宇下,一队朦胧的黑影。
>漠漠无边的孤独,模样可怕又狰狞,
>处处是孤独这个无声的复仇女神。
>老天静静地用雪,雪积得又厚又深,
>正为浩大的军队缝制浩大的尸衣;……
>一万人躺下睡觉,只有一百人醒来。②

接着是滑铁卢的灾难:

---

① 《雨果文集》,第8卷,第322—323页。
② 同上书,第349—351页。

> 全体人马,不问是新兵,不问是老将,
> 都知道自己将在这番壮举中送命,
> 向站立在风暴中自己的天神致敬。
> 异口同音齐声喊,高呼道:皇帝万岁!
> 于是,大家都笑迎英军的炮弹横飞,
> 沉着平静,却慢步行进,由军乐开路,
> 大家都从从容容,走进面前的火炉。
> 拿破仑紧紧盯着自己的近卫军,唉!
> 他注目凝视,但见将士们刚刚出来,
> 阴沉的大炮喷出滔滔不绝的硫黄,
> 这些钢筋铁骨的部队兵强又马壮,
> 在这无底深渊里顷刻间化为乌有,
> 如同一团蜡,接近火炭时融化成油。
> 人人手持武器,头颅高昂,不拔坚挺。①

最后是"这仅次于上帝的神"在圣赫勒拿岛的落寞和屈辱:

> 当北风不再呼啸,在茫茫大海之边,
> 下临嶙峋的怪石,在悬崖峭壁之上,
> 他独自行走,沉思,四周是滔天浊浪。
> 高傲,忧伤,眼望着山高、海阔和天远,
> 眼里却为往昔的战役而头晕目眩,
> 他不禁浮想联翩,他不禁思潮翻动。
> 伟大、光荣皆成空!造化却从从容容!②

---

① 《雨果文集》,第8卷,第354页。
② 同上书,第357—358页。

《报应》一诗,客观上印证了马克思在《路易·波拿巴的雾月十八日》一书中的一段话:"黑格尔在某个地方说过,一切伟大的世界历史事变和人物,可以说都出现两次。他忘记补充一点:第一次是作为悲剧出现,第二次是作为笑剧出现。……侄儿代替伯父。在雾月十八日事变再版的那些情况中,也可以看出同样的漫画!"①

《惩罚集》的《光明》是一首雨果的"欢乐颂":

> 未来的时代!春暖又花开!
> 各国人民都已脱离苦海。
> 走完了沉闷的沙漠茫茫,
> 黄沙过后,会有茸茸青草;
> 大地如同新娘一般美好,
> 而人类将是定亲的新郎!②

诗人在流亡中,"我眼睛注视着天顶!"雨果的政治讽刺诗里,有一颗纯粹的抒情灵魂:

> 啊,流放犯!流放犯!流放犯!这是天命。
> 涨潮时冲上来的垃圾,待日上天顶,
> 　　到退潮时又被卷走。
> 艰难的岁月不计其数,肯定会过完,
> 各国欢乐的人民思念起往日心酸,
> 　　会说:往事去而不留!
>
> 幸福的时代不仅为法国闪闪发光,

---

① 马克思:《路易·波拿巴的雾月十八日》,载《马克思恩格斯全集》,第8卷,人民出版社1961年版,第16页。
② 《雨果文集》,第8卷,第394页。

而是为大家。将会看到,最后的解放
  只给过去带来晦气,
全人类放声歌唱,鲜花撒满了全身,
仿佛主人曾经被赶出自己的家门,
  返回已荒芜的家里。

暴君们如同流星,会一颗一颗陨灭。
这仿佛就像出现两股曙光,从黑夜
  升起在同一个碧空,
我们会看到你们脱离眼前的苦海,
也伴有两道霞光:人与人相亲相爱,
  及上帝的慈爱无穷!

对,我向你们宣告,对,我向你们重复,
因为,号角再告示,因为,喇叭曾宣布:
  一切是和平,是光明!
自由了!再也没有无产者,没有奴隶!
啊!上天莞尔微笑!啊!天国对于大地
  倾倒下庄严的爱情!

"进步"这一棵圣树,从前是画饼充饥,
欧洲有遍地浓荫,美洲有浓荫遍地,
  在旧的废墟上成长,
白天,树丛中烟气氤氲,祥云悠悠,
大树上下,有白鸽成群,立满了枝头,
  夜里,星星缀满树上。

而我们,也许已在流亡中成了死鬼,
成了烈士,而人类再没有主人淫威,
  面目一新,抖擞精神,

这棵大树与天国毗邻,为天国钟爱,
我们在树底下的坟墓里将会醒来,
一定要吻一吻树根!①

① 《雨果文集》,第 8 卷,第 403—405 页。

第五讲

雨果的诗歌(下篇)

程曾厚讲
雨果

《静观集》

《静观集》不是流亡生活的产物。1854年2月21日,雨果在致友人信中说:"发表一册平静的诗的时刻可以说到了。《惩罚集》之后,是《静观集》。红的效果之后,是蓝的效果。"①他给出版商埃采尔(Hetzel)写信道:"要有大动作……我把本来备用的东西全盘托出,让《静观集》成为我最完整的诗作……《静观集》将是我的大金字塔。"②全书完成,近11000行。雨果致友人的信中强调:"只有读完最后一行诗,第一行诗的意

---

① 《雨果文集》,第9卷,第409页。
② 同上书,第410页。

义才完整。诗在外面是金字塔,内部是拱顶……在拱顶和金字塔这类建筑物里,每一块石头都是互相关联的。"①1856年4月23日,《静观集》在巴黎和比利时同时出版,受到出乎意料的欢迎。

诗集分六大部分:"曙光初照","心花盛开","斗争和沉思","写给女儿的诗","征途漫漫","无穷的边缘"。六部分的内容构成一个人完整的一生。雨果在序言中说:"这也许可以称之为《灵魂回忆录》(Les Mémoires d'une ame)"②。雨果估计到自己会在孤岛上客死他乡,才有此最后的"全盘托出"。

雨果在诗集中有三个鲜明的形象:父亲、作家和先知。父爱的流露最诚挚感人。雨果对自己的斗争轨迹,作了精彩的总结。诗人认真地用诗句建立其惩恶扬善的宗教哲学体系,宣扬爱的福音。其中有雨果的理论,也有当代包括傅立叶主义在内的各种思潮的痕迹。"无穷的边缘"里启示录式的诗篇,往往阴风凄凄,寒气逼人,但很受20世纪行家的重视和欣赏。

《静观集》的译名是旧译。"静观"的意思指思想集中专注于自己审视的事物,最后能超越眼前的事物而达到某种觉悟。可以说,"静观"的含义比通常意义上的"沉思"更加深沉。雨果在诗集的长诗《小中见大》中有句曰:"静观事物,越是专心,/最后会对事物视而不见。"③

---

① 《雨果文集》,第9卷,第410页。
② 塞巴谢主编:《雨果全集》,"诗歌卷",第2卷,第249页。
③ 《雨果文集》,第9卷,第411页。

"曙光初照"的年代,《答一份起诉书》有意使用政治术语,总结浪漫主义在法国文学史上取得的胜利。诗人表明:文学斗争是政治斗争的延续,他当年致力于文学创作的解放,和今天致力于民主、自由的政治斗争,前后是一致的:

> 时代继续向前进,要走出一座教堂,
> 为了走进另一座教堂,更文明健康……
> 我可曾经刮起过一场革命的风暴。
> 我给古老的词典戴上了一顶红帽。……
> 宣布词和词之间平等,自由和独立。……
> 既然解放了词汇,也就解放了思想。①

《写给女儿的诗》收诗 18 首,《静观集》出版后,同时代人认为这是诗集中最感人的部分。下面这首 12 行小诗,写诗人当年 45 岁,在山野间长途跋涉,为夭折的女儿上坟。慈父爱女之心,跃然纸上:

> 明天天一亮,正当田野上天色微明,
> 我立即动身。你看,我知道你在等我。
> 我穿越辽阔森林,我翻爬崇山峻岭。
> 我再不能长久地远远离开你生活。
>
> 我将一边走,眼睛盯着自己的思想,
> 我对外听而不闻,我对外视而不见,
> 我弯着腰,抄着双手,独自走在异乡,
> 我忧心忡忡,白昼对我将变成夜间。
>
> 我将不看黄昏时金色夕阳的下沉,

---

① 《雨果文集》,第 9 卷,第 417—424 页。

也不看远处点点飘下的白帆如画,
只要我一到小村,马上就给你上坟,
放一束冬青翠绿,一束欧石南红花。①

"征途漫漫"是成熟的人生。《写于一八四六年》与其说是1846年前的政治总结,不如说是1854年后的政治纲领。

每个人从各自的黑夜里走向光明。
第二颗灵魂嫁接上了第一颗心灵;
总之,同一枝植物,但花朵已经不同。……
因为小鸟在过去如同被关在笼中,
我不得不在笼里长出全身的羽毛,
然后再飞进树林,然后再飞上树梢;……
我开始没有学好本世纪这门学问,
因为我在保王派歌声中牙牙学语,
我就应该一辈子生活得像头蠢驴?②

侯爵,我二十年来心中唯一的思想:
是为人类的事业服务,如今天一般。
生活是一座法院;弱者竟然和坏蛋
彼此捆绑在一起,被带上法庭受审。
我写作品和剧本,我用诗句和散文,
来为小百姓讲话,并为穷苦人辩护;
去向富人家恳求,还向狠心人疾呼;③……

啊!不论命途多舛,也不论面子全丢,

---

① 《雨果文集》,第9卷,第471页。
② 同上书,第494—496页。
③ 同上书,第503页。

> 我的这一颗良心永远也不会低头；
> 我前进，从从容容，我自信，不屈不挠；
> 我不论命运好坏，也不论何时来到，
> 不论被打入地下，不论被捧到天上，
> 不论黎明和黑夜，不论雨骤或风狂，
> 我永远有远方的忠告，永远有光明，
> 我永远看到前面有我亡母的眼睛！①

"无穷的边缘"今天受到研究家的重视。说雨果是启示录式的诗人，说雨果是鬼魂诗人，主要是针对《静观集》的这部分说的。这部分收诗26首，从篇幅上说，我们已有的译诗和尚待翻译的诗篇，几乎是一半对一半。

《我要去》是一首融人生哲学和社会哲学于一体的"启示录式"的长诗。诗人为追求生活和斗争的真理，以咄咄逼人的气势，表达要和天公一比高低的决心。雨果身处逆境，但他的拼搏精神在这首气势磅礴、想象雄奇的诗中得到充分反映。有人认为，《我要去》是"对超人最好的赞美诗之一"。

> "理想"，神圣的美，你在苦命
> 　　的人心中萌芽，
> "理想"，你使英雄豪杰坚定，
> 　　你使人心伟大，
> 　　　我是一只大鸟。……
>
> 　　我有翅膀。我向往着顶点；
> 　　我会飞得很好；

---

① 《雨果文集》，第9卷，第508页。

程曾厚讲
雨 果

> 我的翅膀可以搏击蓝天,
> 　　可以穿越风暴。……
>
> 你们知道,心灵多么坚强,
> 　　只要上帝撑腰,
> 敢在任何事情上去较量!
> 　　你们也都知道,
> 我要走遍蓝天里的栏杆,
> 　　我在空中行走,
> 借通往群星的长梯登攀,
> 　　脚步决不发抖!……
>
> 要让人民从苛政的蹂躏
> 　　中能摆脱出来,
> 要让这受罪的伟大人民
> 　　知道这张大牌!……
>
> 　　我这个精灵永远向前进,
> 　　　　谁也无法拦阻,
> 　　我的灵魂时刻准备接近
> 　　　　耶和华这天主;
>
> 　　我是个不留情面的诗人,
> 　　　　做人责任为大,
> 　　和痛苦共呼吸,军号阴森,
> 　　　　借我的嘴说话;
>
> 　　我爱沉思,我把活人的事
> 　　　　一一放在心上,
> 　　我撒给东西南北风的是

　　　　我可怖的诗行；①

　　《麻葛》是又一首启示录式的抒情颂歌。长诗710行，主题是歌颂广义的诗人及其神圣的使命。"麻葛"本义是波斯拜火教的祭司，在诗中指诗人和作家，以及哲学家、艺术家、科学家、探险家，《圣经》中的先知占有不小的比重。诗中先后列举80余人。但是，带领人类前进的"麻葛"中，没有军事家，没有帝王将相。诗人受命于天，身负神圣的使命，雨果流亡前写过《诗人的职责》。但研究者普遍认为，像《麻葛》这般高瞻远瞩，气势宏大，可谓空前。雨果在《麻葛》中阐明的思想，在1864年出版的《莎士比亚论》中还有发挥。诗人的小女儿留下一部《阿黛尔日记》，1854年4月记下了雨果的一段表白："经历了人们通常称之为荣华富贵之后……我现在在流亡；我在流亡中失去了人的特征，而具有了使徒和祭司的特征。我是祭司。"②

> 接着，恍若这是一个梦境，
> 多少眼睛闭上，心儿不跳，
> 而海滩上又一遍遍历经
> 阵阵波涛，波涛，还是波涛，
> 在命中注定的山洞里面，
> 由闪闪发亮的手指一点，
> 大家终于找到一个超人，
> 手里紧握着天使的羽毛，
> 在撰写云蒸霞蔚的书稿，

---

① 《雨果文集》，第9卷，第523—527页。
② 同上书，第573页。

在勾画熊熊燃烧的奇文!

他紧握铁拳,支撑着下巴,
他沉思,他运算,忧心如焚;
此人在说:我是莎士比亚。
此人在说:而我,我是牛顿。
而此人在说:我是托勒密;
他在合上的巨大的手里,
握住了一个黑夜的地球。
此人说:我是琐罗亚斯特;
他的眉宇下有星辰一颗,
他的头颅下有蓝色宇宙!① ……

深夜,赫歇尔在工作平台,
他独自借助巨大的透镜,
在追踪独一无二的存在,
靠这只晶莹的玻璃眼睛;
他在上面的世界看上帝,
而显微镜十分奇妙稀奇,
在注视下面的微乎其微,
为深不可测而感到恐怖,
窥视着小而又小的怪物,
彼此乱糟糟地又打又追!② ……

来吧,伏打!请你快快出现,
制伏"电流"这地狱的火川!
来吧,富兰克林,你看"闪电"。

---

① 《雨果文集》,第9卷,第558—559页。
② 同上书,第562—563页。

请快来,富尔顿,镇住"急湍"!
卢梭,把"仇恨"紧紧地抓牢。
"奴隶制度"挥动它的镣铐;
伏尔泰啊,要对贱民相帮!
泰伯恩得意,而"沙滩"在笑,
"隼山"这恶狗在狺狺吠叫,
啊!贝卡里阿,人们在死亡!① ……

头上是高大的高加索山,
人类由觉悟的哲人指引,
世世代代以来,不畏艰难,
人类在沉思着向前迈进;
人类在大地上前走,他走
进黑夜,走进茫茫的宇宙,
他走进无限,他走进有限,
走进蔚蓝,走进惊涛骇浪,
借助普罗米修斯的火光,
解放者的身上绑着锁链!② ……

你们和曙光的额头相撞,
巨人们啊,一缕缕的金光,
还留在你们的头发上面!③ ……

去拜访星星,自己是火光;
自己告诉自己:我是翅膀;
自己告诉自己:我有蓝天!④

程曾厚讲

雨果 Hugo

---

① 《雨果文集》,第9卷,第568页。
② 同上书,第570页。
③ 同上书,第571页。
④ 同上书,第572页。

《黑暗的大口在说话》将近 800 行,是雨果长期酝酿的哲学、宗教、伦理和社会思想之集大成。雨果的许多思想可在长诗中找到根据,得到印证。雨果 1855 年 10 月 3 日自称:"最后一篇是我的启示录。……有多少有识之士能喝这杯苦酒,我不知道。①"对灵魂不灭的信仰,对通灵哲学的兴趣,在 19 世纪作家中并非个别现象。雨果认为"万物有灵魂"。上帝

  他把生命造得绚丽,纯洁,可爱,漂亮,
  但并不完美;……
  造物应该不完美,深沉啊,才能存在。②……
  生灵自由,知道恶何处始,善何地终;
  生灵的行为就在审判自己。
       不论谁,
  是善人,还是恶人,就够了。他的作为,
  美德,把我们解放;罪行,让我们坐牢。
  生灵打开自己的大书,自己不知道;
  他平静的良心在大书上按下指印,
  证明恶行大小,或上帝欠他的金银。
  有所作为,相应地或有福,或是遭殃;
  可以是一颗火星,可以是一点泥浆;
  是光明,或是污水,是天使,或是匪徒;
  这就是浩然长梯。我对你再说清楚,
  万有的生命通过无穷的领域上升,
  也可以永远下跌,一层下又是一层,

---

① 《雨果文集》,第 9 卷,第 610 页。
② 同上书,第 576 页。

从污浊的黑夜可升到美丽的蓝天。
通过长梯的生灵变得邪恶或成仙。
欢乐在高处翱翔,恐怖在低处爬行。
根据灵魂的爱心,是否在渴求光明,
是否恭顺,善良和清正,向理想靠拢,
或是否卑鄙龌龊,因罪恶滞钝臃肿,
可在无止无境的生命里飞升,驰骋,
也可以堕落;万物乃是自己的天秤。
上帝不审判我们。生活时我们人人
在称量自己,每人根据体重而下沉。①

诗人警告:"仿佛得意忘形时,其实福兮祸所伏"②,"人是灵魂的监狱,兽是苦役犯工场,/树是灵魂的囚室,石头则是其地狱"③。雨果也提到"印度对灵魂转生从前几乎已领会"④。

诗人的政敌、天主教作家巴尔贝·多尔维利(Barbey d'Aurevilly)别有用心地预言:"《静观集》以后,雨果先生就不存在了。谈起雨果,就会像谈起一个死人一样。"⑤他错了。政治家雨果没有死,而文学家雨果的黄金时代才刚刚开始。

《历代传说集》

《历代传说集》是雨果作为史诗诗人的重要作品。

---

① 《雨果文集》,第9卷,第583—584页。
② 同上书,第587页。
③ 同上书,第588页。
④ 同上书,第589页。
⑤ A. Debidour, *Les Contemplations*, extraits, Larousse, 1949, p. 104.

1859年9月26日出版"初集",收诗31首,8000余行。1877年出版"二集",1883年出版"三集"。评论界和读者最喜爱的佳作,绝大部分是"初集"的作品。"初集"的创作时间相对集中,风格比较统一,内容更符合"小史诗"(petite épopée)的体裁。

《历代传说集》是一部人类发展和进步的史诗,从开天辟地时的亚当、夏娃,写到"二十世纪"科学技术的发展,预言人类航天事业的到来。诗集既有叙事为主的"小史诗",也有反映诗人个人宗教哲学思想的作品。雨果从一开始就重视《历代传说集》的统一性和完整性,诗人的创作有一条红线贯穿始终。文学史家朗松(Gustave Lanson)认为,这是"史诗传统的形式包含了一个抒情的灵魂"[①]。《历代传说集》的灵魂是什么?是雨果一生关于人类不断"进步"的哲理思考。

雨果认为,人类的历史是人类良知的觉醒和完善的历史。在诗人看来,人类的历史发展,是善战胜恶,自由克服暴政,科学取代愚昧的历史,最后提出爱的哲学以拯救世界和人类。可以说,《历代传说集》写"人类一个个世纪的发育成长,人从黑暗向理想升华,尘世的地狱变成天堂,自由缓慢而最后开花结果……"雨果还有一个著名的比喻:《历代传说集》"是在传说的大门口听到的历史"[②]。

但是,人类历史上有一些重大事件,包括法国和欧

[①] G. Lanson, *Histoire de la littérature française*, Hachette, 1922, p.1056.

[②] 《雨果文集》,第9卷,第615页。

洲历史上的重大事件,如圣女贞德,如哥伦布发现新大陆等,在诗集里没有得到反映。

《产生本诗的幻象》说:"我做个梦:历代的墙出现在我面前。"①我们记得,30年代有《幻想之坡》,写出诗人头脑里出现的森罗万象。《产生本诗的幻象》意象更加诡谲,并有一条红线贯穿其中。文学史家认为:《历代传说集》有三首长诗,是三个文学"神话"。本诗是第一首,另外两首是写16世纪的《林神》和写20世纪的《天苍苍》。

《女人的加冕礼》是《历代传说集》的开篇之作。雨果笔下的《创世纪》和《圣经》并不相同。全诗不仅是对女人的礼赞,首先是对创造的礼赞,对光明的礼赞:

> 曙光初照。这可是多么美丽的曙光!
> 令人眼花缭乱的深渊,又无限宽广;
> 这是灿烂的光辉,充满和平与仁爱。
> 这是在地球鸿蒙初开的创始时代,
> 清光夺目,这上帝仅有的可见精英
> 闪耀在明净透彻、不可企及的天顶。
> 黑夜和迷雾都被灼灼的光华沉浸,
> 蓝天里雪崩似的摔下来无数金银。②……
> 伊甸乐园赤裸而贞洁,懒洋洋醒来。
> 鸟儿咿咿呀呀的颂歌是如此可爱③……

《波阿斯入睡》是一则脍炙人口的《圣经》故事。

---

① 《雨果文集》,第9卷,第616页。
② 同上书,第628页。
③ 同上书,第629页。

波阿斯是大卫王和耶稣的远祖:

> 他一袋袋的粮食像是公共的水池,
> 总是向着穷苦的人家哗哗地倾倒。
>
> 波阿斯是好东家,又是可靠的长辈;
> 虽然他勤俭持家,但乐于慷慨行善;①……

八旬老人和帮工的年轻女亲戚路得在打麦场上的野合,被诗人写得诗意昂然:

> 雪松可感觉不到树下有一朵玫瑰,
> 他未曾感到脚边还睡着一个女人。②

"小史诗"的结尾,诗评家都击节叹赏。路得事后躺在地上,抬起天真的眼睛,仰望夜空里金色的月亮:

> 她透过面纱,半张眼睛,在仰望重霄,
> 哪位神,哪个农夫,在此永恒的夏天,
> 收获后,马而虎之,回家时,心不在焉,
> 在星星的麦田里,丢下这把金镰刀?③

《林神》代表16世纪,代表人类思想解放的世纪。人摈弃中世纪的神学观念,重新确立对人自己和世界进步的信念。雨果认为,世界创造以后,人开始了堕落的过程,人重新拥有灵魂,充分发挥其精神力量后,通过对物质的驾驭和利用,解放自己,推翻"国王"和"众神",完成精神的解放,打倒一切奴役自己的力量,达到自由的境界,走向普天之下的和谐,进入光明的未

---

① 《雨果文集》,第9卷,第641—642页。
② 同上书,第644页。
③ 同上书,第645页。

来。《林神》歌颂人的精神胜利。但是,长诗《林神》长726行,结构和形象不无复杂之处,有精妙的诗句,也有怪诞的意象。"人"取得和"神"平起平坐的地位:

> 众神啊!树木神圣,兽类神圣,你们看,
> 人也神圣;请你们尊敬深远的大地!
> 地上,人可能是巨人,却隐藏在胎里,
> 人创业,人还建造,人奠基,人还发明①……

莫洛亚的《雨果传》特别欣赏《林神》的结尾部分:

> 世界,一切恶源自众神有人的外形。
> 他们制造出黑暗,使用的却是光明;
> 为何在生命之上要安排几个鬼魂?
> 光明和大气清纯不应由帝王独吞。
> 要有黑色、蓝色的天宇,有晨午昏晓,
> 让一切熙熙攘攘,永远地乱翻乱搅!
> 要有神圣的原子,或燃烧,或是流淌!
> 要有普天之下的灵魂,并大放光芒!
> 战争,这就是国王;黑夜,这就是神明。
> 摧毁教条,再建立自由、信仰和生命!
> 要处处都有光明,要处处都有天才!
> 爱情!万物都和谐,万物会相亲相爱!
> 蔚蓝的天空将使狼群都安静文雅。
> 要一切!我是潘神;朱庇特!给我跪下。②

长诗《穷苦人》编排在"19世纪"和"20世纪"之间的"现在"时段。《穷苦人》是一则海边穷苦的渔夫相互

---

① 《雨果文集》,第9卷,第678页。
② 同上书,第690页。

帮助的感人故事,丝毫没有历史的背景和氛围。如何理解雨果把一首表现穷人的日常生活的诗,列入"史诗"的范畴?雨果写的是精神史诗,人与人之间友爱互助,人性出现大美,这是历史的进步,具有史诗的意义。《穷苦人》闪耀出人性的美:漆黑的夜里,丈夫出海打鱼,渔妇燕妮家有五个小孩,这一窝宝贝在沉睡。邻居家的寡妇在破屋子里奄奄一息,脚边有一男一女两个孩子:

> 母亲感到快死去,在她孩子的脚边,
> 压上她那件披风,身上盖她的大衣,
> 正是为了在死神前来行凶的夜里,
> 两个孩子可以有足够的衣服御寒,
> 让他们在她自己冰凉时感到温暖。……
>
> 不时有一滴雨水掉在死者的脸上,
> 从她脸颊上滑下,就变成一滴眼泪。①

燕妮不顾养不活自家五个孩子的穷日子,不顾打不到鱼的丈夫会责怪,在风雨中把死去的寡妇的孩子抱回来,对丈夫说:"'你瞧,'她拉开床帏,'他们俩已经睡觉!'"

从法国史诗创作的角度看,波德莱尔在其《浪漫主义艺术》中认为:"维克多·雨果写出了他这时代由一个人为他同时代的读者所能写出的唯一一篇史诗。"②

《林园集》

雨果流亡以来,先是颠沛流离,继而整整七年间,

---

① 《雨果文集》,第9卷,第710页。
② Ch. Baudelaire, *L'Art romantique*, *Oeuvres Complètes*, la Pléiade, Gallimard, 1932, p.528.

笔耕不辍,埋头写作。1859年6月29日,雨果从根西岛致信出版商埃采尔:"我们这儿天气晴朗。岛上一片绿茵,我像牛一般在草地上耕耘。我不仅吃吃青草,虽然我饱餐鲜花和露水。将会有一小册集子出来,书名《林园集》。"①《林园集》最后于1865年10月25日问世。其实,从1859年至1865年,雨果又出版了长篇小说《悲惨世界》,完成长篇小说《海上劳工》,出版文艺论著《莎士比亚论》。《林园集》的原名直译是"街道和树林歌曲集"。集中的诗篇并非"歌曲"体裁,内容也很少涉及"街道",今意译作"林园集"。

《马》是序诗,诗人说:"神马在《启示录》中进出"②,指雨果自己写了很多启示录式的诗歌。现在写《林园集》是休息:

  我低下头,沉思着牵出
  这匹出入深渊的烈马,
  远离罪行、帝王和痛苦,
  追求牧歌、草场和鲜花。③……

  ——你干什么?维吉尔问我。
  我回答,而我从头到脚,
  溅满这机灵鬼的口沫,
  ——老师,我让飞马吃青草。④

《播种季节的黄昏》是集中著名的短诗。诗人发

---

① 《雨果文集》,第9卷,第743页。
② 同上书,第746页。
③ 同上书,第750页。
④ 同上书,第753页。

现普通劳动者平凡的劳动里,具有某种神圣性。

> 这时候,已是夕阳低垂。
> 我坐着,头上有座门洞,
> 我赞美这片落日余晖,
> 照亮最后一刻的劳动。
>
> 一个衣衫褴褛的老人,
> 将收获大把撒向田垅,
> 此时,大地上夜色深沉,
> 我静静注视,心情激动。
>
> 精耕细作的田里升起
> 他高大而黑黑的身影。
> 我们感到,他毫不怀疑:
> 时光带来丰收的前景。
>
> 他在这片旷野上走动,
> 手撒了又撒,反反复复,
> 走去走来,向远处播种。
> 黄昏张开了重重夜幕,
>
> 夜籁声起,黄昏的黑影
> 使播种者的庄严风姿
> 似乎更高大,直逼星星,
> 我这无名过客在沉思。①

---

① 《雨果文集》,第9卷,第760—761页。

流 亡 后

《凶年集》

《凶年集》中的"凶年",指法国的1870年8月到1871年7月。这一年,法国历史上出现两次"大地震"。先是普法战争,第二帝国覆灭,法国战败。接着是巴黎公社成立,19世纪的革命,法国的革命,至此达到高潮,也从此结束。

雨果结束流亡生活,返回祖国。祖国山河破碎,危在旦夕,巴黎全城被普鲁士军队围困。爱国爱民,是诗人的天职。《凶年集》中,爱国主义是高昂的基调,尤其是前半部。

雨果对巴黎公社的基本立场,是一个爱国主义者的立场。雨果并不支持先是软弱、继而投降的"国防政府"。但他认为,法国刚刚战败,大敌当前,重兵压城,国内的社会问题应该服从外敌入侵的严重形势。雨果10月8日手记:"推翻政府的危害比维持政府的危害更大。"①

雨果欢呼巴黎公社的成立,但认为时机的选择是错误的。1871年4月28日,雨果表示:"我在原则上赞成公社,在实施时反对公社。"②公社的事业失败,雨果挺身而出,甘冒天下之大不韪,庇护出逃的公社社员。雨果不赞成巴黎公社的革命暴力,更谴责凡尔赛政府的暴力镇压。在这一点上,雨果在敌人和朋友双

---

① 《雨果文集》,第9卷,第771页。
② 《雨果文集》,第11卷,第437页。

方,都是孤立的。

　　雨果是站在历史潮流前面的诗人。诗人不仅以历史的见证人,更以历史的参与者身份,写下这册充满爱和恨,充满火与血的《凶年集》。《凶年集》的内容是历史,形式似日记。"凶年"逐月展开,共收诗97首,加上序诗、引诗和尾声,合成百首的整数。日记诗是没有推敲的,没有修饰的。我们避免引长诗的全文,尽量摘取诗人的片言只语。但见诗人胸中的思绪,涌来笔端:

引　诗

　　我准备着手叙讲惊涛骇浪的一年,
　　可我又犹豫不决,把臂肘支在桌边。
　　是否必须往下写?我是否应该继续?
　　法兰西!看到天上有颗星星在下去!
　　伤心啊!我已感到奇耻大辱在登台。
　　苦恼!一个灾难才走,一个灾难又来。
　　没有关系。继续写。历史需要我写成。
　　本世纪已经到庭,我是世纪的见证。①

　　1870年11月1日,雨果写了《从巴黎城墙上远望》,夜色即将降临:

　　小草在阵阵战栗,小鸟在声声悲鸣。
　　黑夜就这般阖上,如同是一座监牢。
　　我慢慢走。当我向地平线抬起眼睛,
　　夕阳已经只剩下一柄红红的血刀。②

---

① 《雨果文集》,第9卷,第774页。
② 同上书,第776页。

雨果把朗诵《惩罚集》的收入捐出购置大炮。12月4日,赋诗一首:《致维克多·雨果号大炮》:

> 我祝福你。你要为保卫巴黎去厮杀。
> 大炮啊,在内战中你可要一言不发……
> 我们要相互补充和交换,我的肉身
> 要你的铁骨,你的铜胎要我的灵魂。①

是年冬天,冰天雪地。12月8日,诗人在《国殇》中以白描的手法,描写战场上殉难的士兵:

> 他们已经长眠在恐怖、孤独的战场。……
> 为国捐躯的人啊,我对你们好妒忌。②

1871年1月28日,国防政府签署停战协定,诗人在《投降》中,酣畅淋漓地发泄心中的愤懑:

> 正当全体公民中人人都脸不变色,
> 正当有三十万人等突围,跃跃欲试,
> 而这一大堆军人却交出这座城市!
> 人民!他们借你的忠诚、骄傲和愤怒,
> 借你的勇气,反而一个个成了懦夫,
> 人民啊!看到这么巨大的光荣化作
> 这么巨大的耻辱,历史将气得哆嗦!③

巴黎公社期间,雨果写了四首诗,反对内战,反对自相残杀。《呐喊》是第一首:

> 拉丁人反对罗马,希腊人攻打雅典!④

---

① 《雨果文集》,第9卷,第779—780页。
② 同上书,第784—785页。
③ 同上书,第796—797页。
④ 同上书,第803页。

> 你们蹂躏的国家,正是自己的国家!
> 这位流血的母亲,正是你们的母亲!
> 无依无靠的妇女,儿童,贫穷和饥馑,
> 劳动者没有面包,问题又多又可怕,
> 一个个难以解决,你们却自相残杀……①
>
> 法兰西丧权辱国,杀害自己的灵魂,
> 巴黎咽气,星星无光,他们可以忍受
> 敌人可怕的狞笑,并没有气得发抖。②

4月5日,公社决定处死人质,诗人以第二首《不要报复》回应,其实是"苦谏":

> 我在胜利时忠于我失败时的思想。
> 不需要,我不需要你来警告我,上帝;
> 像没有两个太阳,我没有两种正义;③……

雨果认为敌人的自由和我们自己的自由是同等重要的:"我会去拯救犹大,如我是耶稣基督。""我不要权势,只做一块无瑕的白璧,/我永远也不放弃清清白白的权利。"④

"同等报复"(talion)是古代先民认为公平合理的报复思想,即所谓"以牙还牙"。雨果写第三首《同等报复》:

> 别人焚烧图书馆,我就焚烧一座桥。
> 别人杀一个上校,我杀一个大主教;……
> 你向祖国开刀,好,我来个一气呵成!……⑤

---

① 《雨果文集》,第9卷,第804页。
② 同上书,第805页。
③ 同上书,第807页。
④ 同上书,第808页。
⑤ 同上书,第810页。

诗人哀叹:"不公不正,使一切都成了一句空话!/讲原则,这是一切高峰绝顶的灵魂,/如今已不见,我们今后又如何做人,/再谈进步,再谈公平,还要再谈正义?"①

第四首是《两件战利品》,指巴黎的两处历史建筑:凯旋门和旺多姆铜柱。4月12日,公社决定拆毁旺多姆铜柱。雨果十分不安,挥笔写成此诗。而凯旋门为政府军炮火擦伤,受损并不严重。诗人避免单独谴责公社,将两者相提并论。

> 好吧。这两个政权都有冲天的怒气,
> 一个政权有法律,一个政权有权利;
> 凡尔赛掌握教区,巴黎有巴黎公社;
> 但是在两者之上,法兰西只有一个;
> 而正当双方应该为对方感到悲伤,
> 现在就非要自相残杀,就非要打仗?
> 选择斗争的时机是否又选得很好?② ……
>
> 这一方毁凯旋门,那一方砸青铜柱!③
>
> 《马赛曲》使愚昧的旧世界吓得发抖,
> 在此地化为青铜,在此地化为石头;
> 这两座丰碑发出同一声呼喊:解放!
> 怎么!我们自己亲手把法兰西埋葬!④ ……

诗人最感难受的是"我们的光荣受到我们的攻击倒下!/上下左右远近打,砸烂我们的光荣,/而这一切,

---

① 《雨果文集》,第9卷,第811页。
② 塞巴谢主编:《雨果全集》,"诗歌卷",第3卷,第108页。
③ 同上书,第109页。
④ 同上。

普鲁士清楚地看在眼中!"①

巴黎公社失败。5月27日,雨果声明:"庇护权是古老的权利。这是不幸者神圣的权利。……这项庇护权,比利时政府拒绝给予战败者,我来提供。……我在街垒广场四号提供庇护权。"②当夜,暴徒袭击雨果的住宅。诗人在《布鲁塞尔的一夜》中说得轻松:

> 习惯习惯小小的意外事故很必要。
> 昨天有人想到我家里,要把我干掉。……
> 我,加上四个妇女,加上乔治和让娜,
> 这就是我们这座堡垒的全部驻军。③

雨果在《有一天,我看到血到处在滴滴答答》中,提到自己狼狈不堪的处境:

> 于是,我成了众矢之的,过街的老鼠。……
> 群众也嘘我,如嘘一个垮台的暴君;
> 有人在街上向我挥舞拳头;我看到
> 几多老朋友无可奈何,掉转头而跑。……
> 都冲着我喊:凶手! 犹大对我说:叛徒!④

在《他们庆贺我仁慈,唱了一支小夜曲》里:

> 他们在我的名字上面把警钟狠敲。
> ——杀人犯! 你这凶手! 纵火犯! 你这强盗! ——
> 经过这一场决斗,我们都不改本色;
> 他们白得像乌鸦,我呢,黑得像天鹅。⑤

---

① 塞巴谢主编:《雨果全集》,"诗歌卷",第3卷,第109页。
② 《雨果文集》,第11卷,第449页。
③ 《雨果文集》,第8卷,第812—813页。
④ 塞巴谢主编:《雨果全集》,"诗歌卷",第3卷,第128页。
⑤ 《雨果文集》,第9卷,第815页。

雨果在《我任何人也不要谴责,凄惨的历史》中不问是与非,他只看到:

唉!制造孤儿的人,他们有多么不幸!
不幸!不幸!真不幸!有的人制造寡妇!①……

这哲人经过沉思,有个发现很意外:
谁也没有罪。②

雨果在《两种声音》里,以自己"高昂的声音"回答世俗"明智的声音"。雨果对公社的态度,连往日政治上的盟友,甚至文艺界的好友,都不能理解,不能接受。女作家乔治·桑曾以沉痛的心情,以激动的言辞,批评这首《两种声音》:"站在天平一边的盘子里是个错误,再压上天才、功绩和荣誉的全部分量,则错误就更加严重。"③"明智的声音"说:

诗人啊,你在追求理想,却失去现实。
你没有现实。你的一切都得不偿失。
正在跌倒的事物,你就让他去跌倒!
你的倾向总是向倒下的人物奔跑,
这样的话,你永远不会赢,而只会输。
心肠太高尚的人,智力又往往不足。
真得过头的真理,几乎和谎言一样。④

诗人的回答:"我乃是一颗良心。"⑤阿尔布伊在分

---

① 《雨果文集》,第9卷,第823页。
② 同上书,第824—825页。
③ 程曾厚编:《雨果评论汇编》,安徽文艺出版社1994年版,第84页。
④ 《雨果文集》,第9卷,第831页。
⑤ 同上书,第838页。

析了雨果对巴黎公社的复杂态度后认为:"我们无意冒犯路易丝·米歇尔、让-巴蒂斯特·克莱芒或欧仁·鲍狄埃,简直可以说雨果是唯一的巴黎公社诗人。"①诗人阿拉贡对《凶年集》曾有惊人之语:"我也是主张把此书放在比《惩罚集》更高的地位上。"②

《祖父乐》

《祖父乐》1877年5月出版。

雨果是牵着孩子的小手、把孩子带进法国诗歌园地的诗人。孙子乔治1868年出生,孙女让娜在1869年出世,是长子夏尔和儿媳艾丽斯的子女。1871年,夏尔脑溢血逝世,两年后次子弗郎索瓦-维克多病逝,儿媳于1877年再醮。乔治和让娜成了雨果身边唯一的亲人。

《祖父乐》是年过七旬的老祖父记叙自己关爱儿孙、并乐在其中的抒情诗集。但是,仅仅把《祖父乐》看成是老诗人歌颂儿童的作品是不够的。《祖父乐》还是一部具有政治色彩、含有政治寓意的诗集。《祖父乐》的原题直译是"做祖父的艺术"。

《乔治和让娜》的男女主角入场:

一个小孩足以使我这人神魂颠倒,
我有两个,乔治和让娜;他是我向导,
她是我光明,他们一喊,我紧紧相随,
因为让娜六个月,因为乔治才两岁。③ ……

---

① P. Albouy, *Victor Hugo*, *Oeuvres poétiques*, la Pléiade, Gallimard, vol. III, 1984, XL.
② Ibid., vol. III, XXXIX.
③ 《雨果文集》,第9卷,第851页。

我身上有的欲望,计划,荒唐的事情,
高明的作为,遇上他们温柔的闪光,
一切冰消,我变成糊涂虫,迷迷惘惘。① ……

《打开窗子》有副题"晨睡未起"。老诗人听到二十多种动态的声音,为我们描绘了一幅盛夏时节小海港清晨繁忙的景象。这是一首富于现代印象派风格的小诗。

程曾厚讲
雨果

我听到有人说话。眼睑透进了亮光。
当当当是圣彼得教堂的钟在摇晃。
游泳的声音。近了!远了!越来越大!
不!越来越小!小鸟;让娜,都叽叽喳喳。
乔治在喊她。公鸡打鸣。有一把镘刀
刮屋顶。蹄声得得,几匹马在街上跑。
嚓嚓嚓,一把长柄镰刀在整修草丛。
砰。乱哄哄。屋顶上有屋面工在行动。
海港的声音。机器发动,并尖声鸣叫。
军乐队的音乐声不时一阵阵轻飘。
码头上熙熙攘攘。有人讲法语。再会。
你好啊!谢谢。时间已肯定不早,因为
我的红喉雀已到我身边放声歌唱。
远处打铁铺里的铁锤敲响:当当当。
水声噼啪。听得到一艘汽船在喘气。
飞进来一只苍蝇。茫茫大海在呼吸。②

雨果在《我将会拉着两个幼小孩子的小手……》

---

① 《雨果文集》,第9卷,第851页。
② 同上书,第856页。

里,描写田园生活的安静乐趣,突出孩子的形象,使孩子处于大自然神秘境界的中心位置。

我将会拉着两个幼小孩子的小手;①……

我将和两个小孩行走在树林之中,
慢慢悠悠地散步。同时,我将会听到
乔治给娇滴滴的让娜提什么忠告,
让娜给乔治教这教那。我是由小孩
带我走路的家长,我走路或慢或快,
全看他们如何玩,看他们如何用餐,
全看他们可爱的小脚走快或走慢。
他们会尝尝桑葚,他们会采摘花朵。
啊,森林里无边的寂静!啊,哆哆嗦嗦!
早春让万物安静,让万物充满芳馨。
我在人世间无所事事,我只有爱心。②

《精神四风集》

《精神四风集》于1881年5月31日出版。在雨果的诗歌作品中,《精神四风集》是与众不同的一部集子。雨果以前的诗集都有各自的体裁,或是抒情,或是讽刺,或是史诗。《精神四风集》兼而有之,分"惩罚卷"、"戏剧卷"、"抒情卷"和"史诗卷"四部分。

雨果是多产的诗人。他习惯于在一段集中的时间内,为一部诗集写出数量巨大的作品,最后服从艺术的考虑,选取其中的主要部分编成诗集出版,编外的作品

---

① 《雨果文集》,第9卷,第854页。
② 同上。

暂放一边。雨果的编外作品中不乏佳作和精品。《精神四风集》中的引诗:"我看见四方的风吹过。'风啊,'我便说,/'天上的风啊!四驾马车仅你们乘坐?'"①

雨果年轻时是个文学青年。《我当时仅仅是个脸色苍白的青年》:

> 我当时仅仅是个脸色苍白的青年,
> 我当时正要投身命中注定的烽烟,
> 这阴森的战场有多少人先我落马,
> 严厉的缪斯脸色神秘地对我说话:……
> "你想看到铁臂上闪亮的是何利刃?"
> "我有对善的热爱,我有对恶的憎恨,
> 缪斯啊;我的装备胜于西班牙勇士。"
> "你的两副盾牌呢?""我有轻蔑和鄙视。"②

《文学》写于1854年11月22日,和《静观集》的《答一份起诉书》是姐妹篇。《文学》强调浪漫派和古典派在创作方法上的不同,强调新人走新路:

> 你说怎么办?我爱自己的这个世纪!……
> 我们有神秘的歌。我们是新的眼睛,
> 我们是新的额头,新的人,新的心灵。……
> 每一个世纪都走自己的路,没办法。③

泽西岛上的《清晨漫步》作于1854年,诗人流亡至此已经三年了。他看到黎明美好,但心中难以排遣惆怅的愁绪:

---

① 《雨果文集》,第9卷,第880页。
② 同上书,第881页。
③ 同上书,第882—884页。

我真想知道,何方才有另一抹曙光,
驱散我们心中的这般沉沉的黑夜!
人生有什么目的?历险便算是生命?
而以后,在那彼岸,能见到什么变化?
一切战栗。大自然,眼前黑茫茫一片,
是你正在对我说话?①

《开始流亡》没有注明创作日期。诗人在陌生的海岛上开始流亡,和大自然亲密接触,感到新鲜:

我刚刚来到岛上,我认识一处幽谷,
小谷里充满树荫,充满清白和无辜……

我每天都去山谷聊一会儿天,遇到
我的好朋友麻雀,我的好朋友蜥蜴;
清泉送水解我渴,岩石为我搬座椅;②……

《全琴集》

雨果逝世时,留下数量可观的诗稿。除《上帝集》和《撒旦的结局》外,最重要也是篇幅最大的是《全琴集》,于1888年和1893年两次出齐。雨果说《全琴集》"将如同是我的遗嘱","有我的全部作品"③。

《全琴集》包括长度相差悬殊的两部分:"七根琴弦"和"青铜琴弦"。"七根琴弦"喻"诗琴"的七根琴弦,分别是"人类"、"自然"、"思想"、"艺术"、"自我"、"爱情"和"幻想",共360首。"青铜琴弦"收

---

① 《雨果文集》,第9卷,第906—907页。
② 同上书,第910—911页。
③ 同上书,第915页。

28首。

《全琴集》相当一部分诗是片断,往往是旅途所见,或开会时信笔所至,或创作时记下的杂感。正因为如此,有些诗缺乏完整的形态,未经琢磨,没有润色,但更是原汁原味的诗句。

不知何故,雨果把三首完整回忆友情的绝妙好诗扔在《全琴集》里。这就是歌颂"红色圣女"路易丝·米歇尔的《巾帼胜须眉》,怀念诗人戈蒂耶的悼诗和一首献给戈蒂耶女儿朱蒂特的十四行诗。

《巾帼胜须眉》写于1871年12月,是女革命家路易丝·米歇尔的颂歌。她以《悲惨世界》中的起义领袖安灼拉自居,积极参加巴黎公社的起义。她在1871年12月16日的军事法庭上,拒不为自己辩护,怒斥法官:"如果你们不是懦夫,杀死我吧。"1873年,她被判流放太平洋上的新喀里多尼亚岛,1880年大赦后回国。

见过遍地的屠杀,见过一番番战斗,
人民背负十字架,巴黎卧病在床头,
你说话,话里充满无与伦比的怜悯;
你做事,和超常的大人物同德同心,
你感到斗争、幻想和苦难事事交迫,
你才说:我杀了人!因为你不想再活。① ……

她似乎听到什么都当做耳边之风,
只求示众的刑柱,这样才超凡入圣,
感到酷刑是美丽,感到凌辱是伟大,

---

① 《雨果文集》,第9卷,第916页。

> 她阴沉沉地加快走向坟墓的步伐。①……

> 你对人间的豺狼射出憎恨的目光,
> 你的手中在暖和孩子的小脚一双;②……

诗人戈蒂耶小雨果9岁,1872年逝世。他是雨果的晚辈,早年为浪漫派的胜利立下过汗马功劳,以后提倡"为艺术而艺术"。雨果的《悼念泰奥菲尔·戈蒂耶》痛悼挚友:

> 当年你少年英俊,我曾是你的知交,
> 你我展翅高翔的年代,我兴奋激动,
> 我和你那颗忠心曾多次患难与共,③……

> 你是奇妙有力的铁匠,你挥动铁锤,
> 集合千百束光线,熔铸成一道光芒;
> 夕阳和曙光常在你的心灵中碰撞;
> 昨天和明天常在你的头脑里相连;
> 你以新的艺术为古老的艺术加冕;④

雨果深知:"戈蒂耶!你也是一代文章。"⑤但雨果要求艺术为进步服务:"美只有加上崇高,才美得如花似锦。"⑥"你已经找到了美,现在请把真寻找。"⑦最后,雨果触景生情,联想到自己也来日无多了:

> 因为,谁进入死亡,谁就是进入庙堂,

---

① 《雨果文集》,第9卷,第917页。
② 同上书,第918页。
③ 同上书,第926页。
④ 同上书,第927页。
⑤ 同上书,第928页。
⑥ 同上书,第927页。
⑦ 同上书,第928页。

> 每当有人将死去,看到他飘然升天,
> 我就清楚地知道自己也即将加冕。
> 朋友,我已经感到命运是劫数难逃;
> 我孤孤单单,已经尝到死亡的味道,
> 我看到,我的沉沉黄昏已星光依稀,
> 载你而去的阵风已把我轻轻托起。
> 我眼看即将是我动身出发的时辰,
> 我生命之线太长,几乎挨到了刀刃;
> 我将追随流亡时爱我诸君的脚印。
> 他们在冥冥之中盯着我,把我吸引。
> 我就来。你们不要关上坟墓的大门。①

1872年,戈蒂耶的女儿朱蒂特(Judith Gautier)25岁,是个美丽的才女。雨果为她写了十四行诗,借用罗马帝国角斗士进场后给恺撒皇帝的献词:"将死之人向你致敬",题为《致敬,女神,将死之人向你致敬》,这是一首雨果很少写的十四行诗,很受读者欣赏:

> 朱蒂特,只要看看你我两人的容颜,
> 原来你我的命运彼此紧紧地相连;
> 你眼中现出神明才能窥透的深渊,
>
> 我感到我心中的深渊已满天星斗;
> 既然你那么美丽,既然我那么老朽,
> 夫人,我们两个人离天国已经不远。②

至于遗著《撒旦的结局》和《上帝集》,有人提出不

---

① 《雨果文集》,第9卷,第928—929页。
② 同上书,第931页。

宜选译,只可全读。但不止一种《雨果诗选》选译其中的若干片段。我坦陈对这两部诗集没有研究,仅就所见内容,试译两个片段。

《撒旦的结局》于1886年作为遗著出版。撒旦本是天使长,因反叛上帝,获罪堕入黑暗的深渊,成为魔王。后在自由天使的帮助下,获得上帝的宽恕,重新成为"路济弗尔"(Lucifer),即"明亮之星"。今选译《撒旦的结局》第一部分"于是有了黑暗"的第八小节,这一节写天上的太阳——熄灭,撒旦堕入黑暗的深渊。

眼前的太阳已在深渊中奄奄一息。

太阳在雾中深处,没有复苏的空气,
正逐渐冷却,愁眉苦脸,慢慢地消瘦。
黑夜里还看得到它阴森的圆球,
还看得到它在凄凉的寂静之中,
黑黑的麻风脸上褪去溃疡的红肿。
世界熄灭的火炭!上帝吹灭的火炬!
缝隙还露出火光一点点,时断时续,
仿佛透过头颅的窟窿看到了灵魂。
中心部分跳动着匍匐的一片火唇,
不时地舔了又舔圆脸周围的外边,
又从每个缺口处飞升出微光片片,
好像是亮晃晃的利剑在微微抖动,
接着无声无息地消失,和梦境相同。
太阳已几乎变黑。天使长筋疲力尽,
唉!没有一点气息,也没有一点声音!
他恶狠狠地看着:太阳已濒于死亡。

星球在垂死挣扎。黑暗中冷得发慌,
太阳阴森森的嘴不时地往外喷吐
燃烧的波涛,庞然红物,蒸腾的山谷,
岩石因其原始的初光而浓烟滚滚。
仿佛这个生命的巨人,光明的巨人,
已在吞噬一切的浓雾中遭到覆灭,
不甘心就此死去,而不能凌辱黑夜,
而不能冲着黑脸吐一口它的熔岩。
太阳周围,悠悠的时间,茫茫的空间,
数量与形体和声音都一一跟着咽气,
从而创造出虚空漆黑的浑然一体。
虚无这幽灵就从深渊中探头外望。
突然,从星球核心,一股猛烈的硫黄,
像是有人垂死时声嘶力竭的喊叫,
迅猛地喷将出来,明亮得出人意料,
飞到远处勾勒出千百种凄惨景象,
喷得很远,直喷到漆黑一团的中央,
无底洞的大门口被照得如同白昼。
黑夜和浩瀚相交形成的层层褶皱
一一出现。紧张的撒旦在喘着粗气,
眼中映出面前的闪光而目眩神迷,
拍拍翅膀,张开双手,接着战栗起来,
叫喊道:"完了!完了!太阳的脸在发白!"

天使长心中清楚,如同没顶的船桅,
在黑暗的洪水中,他是淹没的死鬼。
他收起爪子坚硬而又锋利的翅膀,

狂乱挥舞着胳膊。——太阳已完全无光。①

《上帝集》是1891年出版的遗著。1985年,戈东教授在"伟大的作品/伟大的事业"大型展览说明的第16页里选录雨果《上帝集》的一段手稿,没有说明,也没有解释:

此时,光明对我说:

"如果你信我,
走吧。当你全身的强光越聚而越多,
也许倏忽间会让战栗的你被消融。
人因为内心熊熊烈火而把命葬送;
走得飞快的天使说:不要停留此地。
摩西想要看清楚上帝,他摇晃不已;
再近一点,他会从这山巅坠入深渊,
眼中只见深渊里可怕的飞舞旋转。"

"请说!噢!请说!"我对这一朵火苗喊道。

"上帝的恩培多克勒啊,深渊的知交,
我会说的,"此人说:"甚至说你的语言;
如有人在你眼前,进入无穷的里面,
人类啊,谁和无穷稍稍有一点接触,
你们可悲的词语马上会毫无用处。"②

---

① 塞巴谢主编:《雨果全集》,"诗歌卷",第4卷,第7—8页。
② 同上书,第700页。

第六讲

雨果的小说

程曾厚讲

雨果一生,给我们留下七部长篇和两部中篇小说。第一部小说《冰岛魔王》于1823年出版,当时作者只是二十出头的年轻人。最后一部小说《九三年》1874年出版,雨果已是七十有二的老人了。

雨果19岁开始尝试创作小说。法国当时受英国文学的影响,司各特的历史小说,某些英国"黑色小说",即恐怖小说,在法国大行其道。青年雨果在这样的影响下开始创作最早的两部长篇小说:《冰岛魔王》和《布格·雅加尔》。作者没有生活,没有经历,只有创作的冲动,只有自己的想象力。这是小说家试笔的阶段,也是对时尚的适应,对时尚的模仿。我们还看不到作者自己的特色,自己的风格,自己的水平。

小说家第一部具有雨果风格的小说,是《巴黎圣母院》。《巴黎圣母院》打上了雨果自己的烙印,具有鲜明的时代特色,是法国浪漫主义文学的一大收获。《巴黎圣母院》前后的两部中篇小说:《死囚末日记》和《克洛德·葛》的主题可以纳入《悲惨世界》的范畴,另当别论。

《巴黎圣母院》后,30年过去,雨果才于1862年从海岛上给巴黎的读者扔过来一部《悲惨世界》。《悲惨世界》的出版,触动了雨果小说创作的灵感。《悲惨世界》后三年,长篇小说《海上劳工》问世。《海上劳工》后四年,长篇小说《笑面人》与读者见面。

第二帝国垮台,雨果结束流亡,返回阔别19年的祖国。雨果晚年,亲历普法战争失败的耻辱,亲历巴黎公社给国家带来的震撼。法国又一次面临外战加上内乱的严重局面,雨果着手撰写表现一百年前法国面对同样处境的《九三年》。

1987年2月10日,美国底特律盖尔研究公司(Gale Research Company)的《十九世纪文学评论汇编》(Nineteenth-century Literature Criticism)编辑部给我们来信:"维克多·雨果当然在《十九世纪文学评论汇编》出现两次:第三卷包括涵盖他一生全部著作的评论摘录,而第十卷收有专门针对他长篇小说《悲惨世界》的摘录。"我们接受《十九世纪文学评论汇编》的方法,把《悲惨世界》和雨果的其他小说分开处理,对《悲惨世界》单独予以介绍。雨果的九部小说都已有了中译本。《悲惨世界》和《巴黎圣母院》还有多种译本。

《冰岛魔王》

《冰岛魔王》于1821年5月动笔,雨果当时19岁。小说是他在孤独中追求阿黛尔的困难时期完成的,1823年出版,作者没有署名。

《冰岛魔王》属于当年所谓的"黑色小说"。当年的文学时尚是写吸血鬼之类的恐怖小说。时尚来自英国文学,时尚还来自司各特(W. Scott),司各特的历史小说,一则有历史背景,一则有感人的爱情故事,1816年以来,风靡法国,启发了巴尔扎克和雨果等新手。此外,雨果也受到文坛前辈夏尔·诺迪埃(Charles Nodier)的影响。诺迪埃写过富有异国情调的神怪小说。

《冰岛魔王》是一部恐怖小说,故事发生在1699年的挪威,还涉及丹麦的一则政治阴谋。小说的细节,小说的情调,都有依据。小说一方面展开魔王的故事,魔王是个矮壮的怪物。另一方面有奥尔登纳和厄黛尔的爱情故事。小说的情节曲折离奇,结构复杂精巧。

1833年5月,雨果回顾当年:"《冰岛魔王》是一本年轻人、很年轻的人的书。"

"我们阅读此书时,感到这18岁的孩子于1821年心血来潮写作《冰岛魔王》,对事物,对人生,对思想,还毫无经验可言,而他正在摸索这一切。"又说:"《冰岛魔王》中仅有一种感受过的东西:少男的爱情;仅有一种观察过的东西:少女的爱情。"①

《秋叶集》中的《本世纪正好两岁!》里说:"我借助嬉笑怒骂的小说,/作为藏匿爱情和痛苦的某个场

---

① 巴雷尔:《雨果传》,第43页。

所",指的就是这部《冰岛魔王》。拉马丁读后,给雨果写信:"这部书太可怕了。"①但是,不能否认的是,小说笔力老练,想象丰富。对照雨果以后的作品,我们看到雨果的创作态度严谨,写作前充分掌握文献资料。作者从《冰岛魔王》开始,即将在小说里创造出一系列的怪人和怪物。

《布格-雅加尔》

《布格-雅加尔》是雨果又一部早年的小说习作。《雨果夫人见证录》(*Victor Hugo raconté par un témoin de sa vie*)(第30章)说,这是在一次聚餐会上,雨果的大哥提议大家集体写一则军事题材的故事,众人一致同意,两周后交稿。但只有雨果一人半月后完成,这就是在他们兄弟三人出版的《文学保守者》连载发表的小说初稿。故事发生在1791年南美洲殖民地多米尼亚的首府圣多明戈。布格-雅加尔是黑人起义领袖,最后为救女主人而献出自己的生命。小说对布格-雅加尔的心理描写很细腻。

1832年,雨果在这本书新版的序言中说:"1818年,本书作者16岁;他打赌要在十五天内写本书。他完成了中篇小说《布格-雅加尔》。16岁,这是什么都敢打赌、什么都会编造的年龄。"②如此说来,《布格-雅加尔》比《冰岛魔王》早两年,但1825年增补修改后才出版。作者很得意自己处理了一个巨大的题材:"问题涉及三

---

① 莫洛亚:《雨果传》,第138页。
② 塞巴谢主编:《雨果全集》,"小说卷",第1卷,第276页。

个世界:战斗人员来自欧洲和非洲,战场在美洲。"①

《巴黎圣母院》

雨果曾经许诺出版商戈斯兰(Gosselin),1829年交出一部小说书稿。写作计划被《埃尔那尼》的上演彻底耽误了。双方商定,交稿日期推迟到1830年12月1日,否则每周罚款。

雨果搬家甫定,立即投入《巴黎圣母院》的写作。1830年7月27日上午,《巴黎圣母院》开始动笔。第二天,7月28日,巴黎爆发"七月革命",雨果新家所在的香榭丽舍大街时时传来枪声和炮声,写作计划又一次被彻底打乱。街上一有动静,雨果就坐不住了。雨果上街,回来记述所见所闻,以后辑成《1830年革命者的日记》。8月10日,雨果写成歌颂"七月革命"的长诗《一八三〇年七月后抒怀》,8月19日在《环球报》刊出。

交稿日期再度推迟到1831年2月1日。如《雨果夫人见证录》所说,雨果"这一次,不能指望再延期了;必须及时完成。他给自己买了一瓶墨水,买了一件灰色的粗毛线衣,把自己从脖子包裹到脚尖,把衣服锁起来,好不受外出的诱惑,像走进监狱一样走进自己的小说。神情懊丧"②。我们知道,巴黎的冬天是很冷的。《雨果夫人见证录》说:"才写了最初的几章,他的忧伤不翼而飞了;他的写作攫住了他;他不感到疲乏,也不

---

① 塞巴谢主编:《雨果全集》,"小说卷",第1卷,第276页。
② Victor Hugo raconté par un témoin de sa vie, Paris, Nelson, p.360.

感到已经来临的冬寒;12月里,他却开着窗子写作。"①

1832年1月15日,小说完稿。雨果写作第一天买的一瓶墨水正好用完,用最后一滴墨水写完最后一行字,他一度想修改书名:《一瓶墨水的内涵》,但后来把这个书名送给了朋友。2月13日,小说出版。传记著者莫洛亚说:"这是一次新的壮举,在如此短的时间里发挥如此大的想象力。"②初版刚出,雨果又写出精彩的《巴黎鸟瞰》一章,收入小说第三卷。

雨果一如既往,三年前已经做好了大量而细致的资料准备工作。他阅读历史文献,从严肃的历史著作,到编年史、证书、清册,充分利用一切可以为他提供15世纪巴黎历史的资料,对大教堂的里里外外,上上下下,已经了如指掌。《巴黎圣母院》出版时,正值巴黎总主教图书馆遭到暴民洗劫,雨果目睹一本他参考过、收有"圣母院宪章"的黑皮书被扔进了塞纳河。这是国内的孤本。

创作期间,雨果给出版商戈斯兰解释道:"这是描绘15世纪的巴黎,又是描绘有关巴黎的15世纪。路易十一在书中的一章出现。是路易十一决定了结局。本书并无任何历史方面的抱负,仅仅是有点资料,认认真真,但总是很概括,时有时无,描绘15世纪时的风俗、信仰、法律、艺术,总之是文明的情况。尽管如此,这在书中并不重要。如果说本书有优点的话,那就在

---

① Victor Hugo raconté par un témoin de sa vie, Paris, Nelson, p.361.
② 莫洛亚:《雨果传》,第85页。

于这是一部虚构的、想象的、信手写来的作品。"①《巴黎圣母院》写完,雨果"感到无所事事,神情忧伤;他已经习惯了和他的人物在一起生活,如今和人物分离,如同看到老朋友离去一样伤心。他离别自己的书,和当初开始写书时一样痛苦"②。

《巴黎圣母院》是一部历史小说。雨果自己并不看好"历史小说"的提法。我们可以说,这是由一个诗人处理历史题材、写成的历史小说。经过十年的小说实践,张扬过《〈克伦威尔〉序》的观点,雨果有关历史小说的观念不再是紧紧跟随英国司各特的框框了。新的历史小说,有严谨的史料作为依据,但只有大背景是历史的,小说台前活动的人物和展开的情节是创造性的。我们不必在小说的故事、场景和细节上探求历史的本来面目。所以,如果说旁征博引的内容是真实的,那一个个人物显得是超现实的了。

《巴黎圣母院》的历史主题体现在史诗般的历史画卷里,如写丐帮对大教堂的攻击,写大教堂屋顶泻下的大火;有关大教堂周围的生活,如"愚人节",如"奇迹院",无不写得精彩纷呈,绚丽夺目,体现了雨果在《〈克伦威尔〉序》中提出的美学要求,使《巴黎圣母院》成为浪漫主义小说的代表作品。

"如果用夏多勃里昂的话说,哥特式大教堂具有森林的品格,而《巴黎圣母院》则如原始森林一般茂

---

① *Victor Hugo raconté par un témoin de sa vie*, Paris, Nelson, p. 363.
② Id.

密丰盛。"①在众多的人物之上,小说可以说是以事物的生命为生命的。真正的主角,是"巴黎圣母院这巨大的教堂。繁星满天的夜空,衬映出它两座塔楼、石砌的柱槽棱角和巨大的端部屋面的黑影,宛如蹲在城市中间的一座巨大的双头狮身人面像……"②雨果在描写方面有如他在绘画中一样,具有这样的才能:以强光照亮人物形象,在明亮的背景上投射出奇特、暗黑的侧影。

而我们从小说的情节看,大教堂里本该清净静修的神甫克洛德·孚罗洛,竟然觊觎带着小羊、在教堂广场上跳舞的吉卜赛女郎爱斯梅拉达,而神甫的算计却遭到自己的怪物奴仆伽西莫多的破坏。世界上最丑陋的怪物,有一颗最善良的心,并爱上美丽无助的爱斯梅拉达。小说的结尾:一个男人的尸骨紧紧抱住了一具女尸。男尸"有弯曲的脊梁骨,头盖骨缩在肩胛骨中间,一条腿骨短些。他的颈骨上没有一点伤痕,可见他并不是绞死的"。这就是"伽西莫多的婚姻"。这些情节不无荒唐之处。是雨果的天才把这一切融合成一个感人至深的故事,被赋予作者有关善恶的理念,起到惩恶扬善的效果。

虽然《雨果夫人见证录》中提到朋友的反映:民歌诗人贝朗瑞(Béranger)有短信:叫来人把《巴黎圣母院》带来,"我迫不及待地要知道,因为人人都在和我谈此书,而这是你的著作"③。《巴黎的秘密》作者欧

---

① 巴雷尔:《雨果传》,第88页。
② 莫洛亚:《雨果传》,第248页。
③ *Victor Hugo raconté par un témoin de sa vie*, Paris, Nelson, p. 364.

仁·苏(Eugène Sue)热情支持:"事实上,有人对大作唯一的批评,是太丰富了。这在本世纪是滑稽的批评,不是这样吗?历来如此,高超的天才引来卑劣狭隘的妒忌,引来大量肮脏伪善的评论。你说怎么办,先生?必须为名声付出代价。"①

事实上,《巴黎圣母院》出版后,作家大多并不看好。拉马丁重宗教感情,他说:"这是小说中的莎士比亚,是中世纪的史诗……什么都有,只缺少一点宗教……"②研究《巴黎圣母院》的塞巴谢(Jacques Seebacher)教授发掘出两则不多见的材料:巴尔扎克和梅里美的见证。巴尔扎克很难接受雨果的创作手法,1831年3月19日写道:"我才读了《圣母院》——不是写过几首精彩颂诗的作者维克多·雨果先生的书,而是《埃尔那尼》作者雨果先生的作品——两个美丽的场景,三个词,整本书难以置信,两个人的描写,美人与野兽,滔滔不绝的恶劣趣味——没有可能的寓言,尤其是一本无聊、空虚的书,对建筑学煞有介事——这就是过分的自尊心把我们引到了此地。"③1831年3月31日,梅里美给斯丹达尔写信。梅里美于1829年出版过历史小说《查理九世时代轶事》,斯丹达尔1830年出版《红与黑》。梅里美在信中说:"请读读维克多·雨果的小说。你会发现混账东西很多。不过我觉得才华出众。

---

① *Victor Hugo raconté par un témoin de sa vie*, Paris, Nelson, p. 365.
② 莫洛亚:《雨果传》,第250页。
③ *Notre-Dame de Paris*, introduction et notes par J. Seebacher, Le Livre de Poche, 1998, p. 8.

如果本世纪要的正是这些,会使我太绝望了。"①

同时代人对《巴黎圣母院》人所共知的负面评价,来自德国的歌德。歌德视《巴黎圣母院》是一部"令人反感、没有人性的艺术作品"②,不能卒读。

幸好,最重要的评判者是读者,是公众。《巴黎圣母院》出版后,取得极大成功,立即再版。小说在多方面产生影响。历史学家米什莱(Michelet)要求读者阅读《巴黎圣母院》里的两章:"圣母院"和"巴黎鸟瞰"。他在1833年出版的《法国史》里畅谈雨果前一年的小说,肯定《巴黎圣母院》的历史意义:"我至少想谈的是巴黎圣母院。可有人在这座历史性建筑物上留下过强有力的雄狮的爪痕,今后不会再有人敢去触摸一下。今后,这是他的东西,是他的封地,是属于伽西莫多的世袭财产。他在古老的大教堂旁边,建造了一座诗的大教堂,和那座大教堂的地基一般扎实,和那座大教堂的塔楼一般高。我如果观望这座教堂,这像是历史书,像是登录专制王朝命运的巨大的史册。……这座巨大的沉甸甸的教堂,布满百合花的图案,可以是属于历史的,而不是属于宗教的。这座教堂并不高亢,没有斯特拉斯堡大教堂和科隆大教堂那种令人印象深刻的高耸的气势。巴黎圣母院纵向的层间腰线不允许高亢……巴黎圣母院是王朝的教堂;而兰斯圣母院是加冕的教堂。"③

---

① *Notre-Dame de Paris*, introduction et notes par J. Seebacher, Le Livre de Poche, 1998, p. 5.
② 程曾厚编:《雨果评论汇编》,第407页。
③ *Notre-Dame de Paris*, introduction et notes par J. Seebacher, Le Livre de Poche, 1998, 封底。

19世纪后半期的文学评论家埃米尔·法盖（Emile Faquet）说："一个时代在他眼前就像一束束的光线，出现在屋顶、城墙、岩石和水面之上，出现在麇集的人群和密集的军队之上，在这里照亮一条白纱，在那里照亮一件服装，又在别处照亮一扇彩绘的玻璃。"①莫洛亚自己也说："他对没有生命的事物能爱也能恨，能赋予一座大教堂、一座城市、一座绞刑架以一种非常奇特的生命。"②

浪漫派的历史贡献之一，是重新发现了本国的中世纪艺术。《巴黎圣母院》便是一例。17世纪后，人们普遍认为，中世纪的艺术体现的是野蛮的趣味，巴黎圣母院年久失修，老态龙钟，摇摇欲坠。是雨果的《巴黎圣母院》"发现"了巴黎圣母院，拯救了巴黎圣母院。在雨果身体力行的倡导下，法国政府为此成立相应的文物保护组织，促成了对巴黎圣母院和其他一大批中世纪古建筑的修复工作。难怪有人说："雨果于1831年决定了一场趣味的革命。"③一部小说，一部花费半年时间完成的小说，如此深入人心，挽救了一处人类文化遗产，引发了一场审美趣味的革命。这在文学史上是罕见的情况。

雨果应友人的女儿路易丝·贝尔丹（Louise Bertin）的邀约，亲自把《巴黎圣母院》改编成四幕歌剧《爱斯梅拉达姑娘》，而且数易其稿。歌剧由路易丝·贝尔丹作曲，雨果作词，于1836年11月14日，在土家音

---

① 莫洛亚:《雨果传》，第249页。
② 同上。
③ 同上。

乐学院舞台上演。歌剧首演前的彩排,由作曲家柏辽兹(Berlioz)负责。1956年,法国摄制了由意大利女演员洛洛勃里吉达(Gina Lollobrigida)主演的影片《巴黎圣母院》。

今天,来自全世界的参观者,从世界各地来到巴黎,瞻仰巴黎圣母院。他们是《巴黎圣母院》的读者,是电影《巴黎圣母院》的观众,是雨果每年把千千万万的人带到巴黎圣母院前的广场上,抬头仰望这座宏伟的大教堂建筑,表示赞赏,表示敬佩,无不虔诚地走进东侧的圣安娜门,参观礼拜后,虔诚地走出西侧的圣母门。

《海上劳工》

我们至少已经见到三种《海上劳工》的中译本,但相对来说,我国读者对这部小说未必很熟悉。

1866年3月12日,长篇小说《海上劳工》在比利时出版。

《海上劳工》是雨果在海岛流亡的直接产物。雨果1855年11月30日到达根西岛。小说的人物在根西岛,但主要情节发生在距根西岛20公里的索克岛(Serk)。

1859年5月14日,雨果给儿子夏尔写信:"也许,我会到索克岛上去几天,搜集未来小说的笔记。"[1]这是他第一次提到要写大海的小说,也是第一次提到要写索克岛的小说。

---

[1] *Les Travailleurs de la mer*, texte établi par Yves Gohin, Gallimard, la Pléiäde, 1975, p.1259.

1866年,我们不要忘记,雨果流亡已经15年了。雨果出版了三部诗集:《惩罚集》、《静观集》和《历代传说集》,一部长篇小说《悲惨世界》。巨人不需要休息一下吗?需要。于是,雨果出版了《林园集》。接着是《莎士比亚论》。接着……雨果手头有好几部著作在构思,或者已经动笔,或者有了腹稿。有诗集《上帝集》和《撒旦的结局》,有小说《九三年》和《海上劳工》,有诗剧《笃尔凯玛达》等。《莎士比亚论》里有一大段精彩的写大海的文字,"的确,有些人是大海"①经常被人引用。结果,紧接《莎士比亚论》的是一部写大海的书:《海上劳工》。

　　15年来,雨果从巴黎来到海上。巴黎和大海,是两个完全不同的世界。雨果发现,海岛美丽,海岛宁静。巴黎是骚动的社会,大海是本色的自然。雨果先是迷上了海岛的风光,接着又爱上了海岛上的人民。1854年1月,雨果说:"我们敬重你们身上的劳动。"②1860年6月,又说:"我爱这些劳动和斗争的居民。"1862年6月,又说:"我很爱四周杰出、勤劳的小岛人民。"

　　雨果对大海,对海岛,对海岛的人民,充满喜悦,充满好奇,充满尊敬。这15年的朝夕相处,这15年的耳鬓厮磨,对敏感的诗人没有影响吗?雨果写完了人类的史诗,写完了社会的史诗,不想写一部大海的史诗吗?《海上劳工》花了作者7个月的时间,集中思考,

---

① 塞巴谢主编:《雨果全集》,"评论卷",第247页。
② *Les Travailleurs de la mer*, texte établi par Yves Gohin, Gallimard, la Pléiäde, 1975, p.1261.

集中写作。

小说的情节相对简单。根西岛的老船主勒蒂埃利因为有人捣鬼,损失一条"杜朗德号"汽船,夹在多佛尔双礁中间搁浅。他许诺谁能救出汽船,就把闺女戴吕谢特嫁给他。青年水手吉利亚特是个独来独往又声名狼藉的人。他坚忍不拔,克服重重困难,历经考验,胜利而归。吉利亚特发现少女另有所爱。船主女儿爱的是被他救过的牧师埃伯内齐尔。于是,他毅然放弃所爱,成全他人。最后,这个战胜大海的英雄,为了一个女人的幸福,做出彻底的自我牺牲。他选择自溺于没顶的大海,坐上被称为"魔鬼的座椅"的岩石,等待上涨的潮水慢慢地吞没自己,由被他战胜的大海来拥抱自己。

吉利亚特在抢救"杜朗德号"的过程中,面临并克服接二连三的障碍:寒冷、饥饿、干渴、发烧、海潮、风暴、章鱼、激流,更加上千百种技术上的难题。《海上劳工》写成了意志的颂歌,写成了劳动的史诗。吉利亚特不是教徒,他是本色的自然人。吉利亚特身上迸发出一往无前、排除万难的勇气。这很感人。吉利亚特身上深藏人性的美,人性有大美,这更加感人。

儿子弗朗索瓦-维克多从巴黎给根西岛的父亲写信报喜:"你取得巨大的、普遍一致的成功。我从未见到人们如此众口一词。甚至超过了《悲惨世界》所取得的成就。这一次,大师找到知音的读者了。"[①]莫洛亚提到巴黎掀起一股由《海上劳工》引发的"章鱼热",小市民女子戴章鱼帽,餐馆里吃珍味章鱼,水族馆展出

---

① 莫洛亚:《雨果传》,第600页。

活的章鱼。雨果夫人从巴黎给根西岛的妹妹写信,大呼:"这里成了章鱼的天下。"①

时年26岁的左拉,当时信奉浪漫主义,对它大加赞美:"诗人具有自由自在的心灵和无拘无束的想象力。他不再说教,也不再争辩……我们身临其境地看到了这个强有力的作家所做的宏伟的梦,他让人与茫茫自然短兵相接。可是随后只有吹一口气就可将人打翻在地——从樱桃小口里轻轻吹出来的一口气。"②这符合雨果自己的想法:"我是想赞美劳动,赞美意志,赞美忠诚,赞美一切使人伟大的东西。我是想表明,深渊中最无情的深渊,是人心,能逃得过大海,却逃不过女人。"③

英吉利海峡的水手集体给雨果写信,感谢雨果为他们的大海写了一本书。雨果于1870年复信:《致英吉利海峡的水手》。雨果的复信是一篇不可多得的美文:"勇士们啊,你们做的又岂止给大海献上一本书,你们献上的是你们的生命。你们给大海的,是你们的白昼,你们的黑夜,你们的疲劳,你们的失眠,你们的勇气;你们给大海的,是你们的手,你们的心,你们搏斗时在颤抖的妻子的眼泪,你们孩子、未婚妻、老父母的诀别,你们茅屋飘散在空中的炊烟;大海,这是大危险,这是大劳动,这是大急救;你们把一切给了大海……"④

关于小说《海上劳工》,还有两点需要说明。

---

① 莫洛亚:《雨果传》,第600页。
② 同上。
③ 同上书,第600—601页。
④ 《雨果文集》,第11卷,第410页。

其一，雨果1865年5月写成《英吉利海峡群岛》一文，这是一篇记述海峡群岛地理和历史的专文，篇幅是《海上劳工》小说的十分之一左右。雨果说它是小说的"前厅"，本意单列一卷，放在书前。出版商借口它与小说情节无关，更害怕文中蕴涵讽刺，怕检查机关节外生枝，而予以删除。雨果答应暂时放弃。今天的《雨果全集》都遵照雨果原意，收入此文。

其二，雨果在创作《海上劳工》的期间，同时创作了36幅绘画作品。绘画不是插图，是独立的绘画创作，但和小说有明显的联系。原画今存国立法兰西图书馆，1985年第一次由雨果绘画研究专家皮埃尔·若热尔(Pierre Georgel)整理出版。雨果为自己的文学作品创作绘画作品，就绘画的数量和质量而言，这是绝无仅有的唯一一次。

《笑面人》

1866年3月，雨果64岁刚过，《海上劳工》出版。7月，他开始执笔写《笑面人》，经过两次停顿，1868年8月完稿。1869年4月，小说出版。1869年，老流亡者在根西岛的高城居继续流亡，写作的计划满满当当的。1869年，雨果遥望大陆，看到拉马丁逝世了，维尼已经逝世两年了，年轻的波德莱尔走得更早，1863年病逝。精力充沛的大仲马身体大不如前，圣伯夫疾病缠身。只有雨果自己，依然精力旺盛。

1869年1月7日，雨果给友人写信："啊！我很清楚，我不在见老，相反，我还在见长。……我的身体在衰败，我的思想却在成长；我的垂暮之年正在孵育新的生命……"①随着《海上劳工》的出版,雨果完成了"命运三部曲":《巴黎圣母院》写教理的命运,《悲惨世界》写法律的命运,《海上劳工》写自然的命运。这儿的"命运"有"宿命"的含义。

雨果在《笑面人》的序言草稿中写道:"在社会研究的标题下:作者开始写一个序列:这个序列今天有了第一页《笑面人》,即《一六九九年后的英国》,接着会有《一七八九年前的法国》,结束是《九三年》。"这是新的历史三部曲,分别代表"贵族政治"、"君主专制"和"大革命"②。我们知道,继《笑面人》之后15年,《九三年》出版。这已经是雨果最后一部小说,也是雨果的最后一部作品。而《一七八九年前的法国》,只有题目,只有年代,雨果根本没有动笔。

雨果1868年3月说:"如果有人问本书作者,为何写《笑面人》,他的回答是:作为哲学家,他想要确认有灵魂和良心;作为历史学家,他想要揭露鲜为人知的君主专制的犯罪行为,把情况告知民主政治;而作为诗人,他想要写一部悲剧。"③大话过于空泛,过于笼统。1868年12月,他对出版商拉克鲁瓦(Lacroix)说:"……我从未写过历史剧,也从未写过历史小说……我的手法是借创作的人物写真实的事物。"④雨果对历史的处理手法是,借来一个大背景,在历史大背景里展开他的人物,反映他的思想。

---

① 莫洛亚:《雨果传》,第613页。
② G. Rosa, *Critique et autocritique dans* l'Homme qui rit, «*L'Homme qui rit*» ou la parole-monstre de Victor Hugo, Sedes, 1985, p.5.
③ 巴雷尔:《雨果传》,第297页。
④ 同上。

小说主人公格温普兰是被"钦命"毁容的孩子,脸上只剩下一张永远在笑的可怕的大嘴。这个"笑面人"的"笑面"是罪恶的结果,由一个不幸的孩子终生来承担。1690年1月的一个夜里,格温普兰被街头艺人收留。这个艺人给自己取一个畜生的名字,叫"熊","熊"和一头狼相伴。艺人给他的狼取的名字叫"人"。所以,叫"熊"的人和叫"人"的狼相依为命。街头艺人收留格温普兰的同时,还收留了一个被丢弃的少女,从小双目失明,被取名叫"女神"。两个可怜的孩子追随养父沿街卖艺,在英国各地流浪。这一对天真的孩子,一边相爱,一边长大。

格温普兰最后被认出本来的身份。他是因为忠于共和思想而被放逐的贵族的儿子。"笑面人"成为克朗查理爵士。命中注定,克朗查理爵士先是走进深宫,面对淫荡的约瑟安娜女公爵,约瑟安娜美得像个魔鬼,玉体横陈,展现在"笑面人"的面前。这是天堂和地狱的较量,是灵魂和肉体的搏斗。接着,克朗查理走进贵族院的议会大厅,代表穷苦人,代表"全人类",代表天底下的"人",痛陈社会的冷酷和富人的不义。贵族院以响彻大厅的哄堂大笑迎接这个陌生人的讲话。克朗查理爵士失望之极,"笑面人"回到载有"熊"和"女神"的船上,追随与自己相爱的女人,在大海里溺毙。一对苦命的孩子去天堂里寻觅永生的幸福。

小说出版,并不成功,甚至可以说是一次失败。原因是多方面的。

《笑面人》的情节过于曲折离奇,过于跌宕起伏。小说的内容光怪陆离,无奇不有,长期以来,被看成是集雨果小说缺点之大成的作品。莫洛亚在《雨果传》

里也认为:"雨果津津乐道于千百种奇特而又无用的细节。"①雨果离开法国已经将近20年了,浪漫主义已经式微,自然主义悄然兴起。读者开始阅读描写日常生活波澜不兴的作品。尤其是第二帝国已经坐稳了江山,实施了一些自由化的政策,经济发展,人人只想着发财和享乐。此时,老诗人独自坐在海岛上,死死地抱住自由的理想不放,有点不识时务,不知好歹。

细心的读者会发现,《笑面人》里有太多雨果自己的身影,是流亡者当前处境的反映。"熊"整天自言自语,愤愤不平。克朗查理爵士在美人肉体面前的战栗也有作者自己的体验。尤其是最后的失败,在贵族院受到的嘲笑,有雨果自己从政的苦涩体验,是他在政坛上发言失败的缩影。此外,人民没有像预期的起来,凡此种种,使《笑面人》成为雨果小说创作以来最为悲观的作品。贵族院里两个人对话:"何况一个人继续流亡在外不肯回来是可笑的。""他是在流亡中死去的。"②这不是在评价流亡者自己吗?

格温普兰爵士庄严地发言:"我其实是一个象征……我代表人类,我就是造物主造成的人类的原型。人类的肢体是残缺不全的。我所受到的刑罚,人类也受到过。人类的权利、正义、真理、理性、智慧,都受到了摧残,如同他的眼睛、鼻子和耳朵一样。人们在我的心里安放了愤怒和痛苦的阴沟,在表面上却给了我一

---

① 莫洛亚:《雨果传》,第611页。
② 《笑面人》,郑永慧译,人民文学出版社1979年版,第642—643页。

个欢愉的面具,人类也和我一样。"①这是雨果1851年在立法会议上发言,是执著于理想的雨果在继续发言。

格温普兰控诉社会,控诉的是第二帝国的社会;人民没有起来,是第二帝国的人民没有起来,"《笑面人》大概是雨果作品中批判不平等社会走得最远的作品。雨果放弃了以前改良的想法"②。

雨果的手记中写道:"我是想要强迫读者读每一行字要思考。由此引发公众对我的某种愤怒。"③所以,雨果意识到"在我的同时代人和我之间,肯定出现了差异"④。20世纪,有作家对《笑面人》提出新的看法。阿尔布伊(Albouy)在马森主编的《编年版雨果全集》中给《笑面人》写的介绍中说:"在未必熟悉的雨果小说中,《笑面人》长期以来是最不熟悉的一部。"⑤但他断言:对这部小说的"平反"已经开始。以前指责小说古里古怪,现在巴雷尔引作家马塞尔·雷蒙(Marcel Raymond)的话说,这是一部"巴洛克式"的小说。所谓"巴洛克式",是各种成分的融合,所以是多姿多彩。

1985年,法国多位雨果专家召开专题研讨会,研究《笑面人》,大家认为:《笑面人》需要分析,但又缺乏分析。我们在论文集的封面上读到:"过去有人说,《笑面人》是雨果小说通常被责备的缺点之集大成者:对天才的特性而言,缺点正是一些崇高的美。"如何理解缺点是美,我们在雨果为《笑面人》写下的笔记里,

---

① 《笑面人》,第669页。
② G. Rosa, *Critique et autocritique dans l'Homme qui rit*, «*L'Homme qui rit*» ou la parole-monstre de Victor Hugo, Sedes, 1985, p.14.
③ 马森主编:《编年版雨果全集》,第14卷,第1518页。
④ 巴雷尔著:《雨果传》,第300页。
⑤ 马森主编:《编年版雨果全集》,第14卷,第5页。

看到一段文字:"没有朴素。毫无节制可言。谁不喜欢夸张,就应该避开海洋。平庸的想象力受到这个深渊的折磨。海洋绝对没有分寸,没有我们所谓的趣味。某种疯狂和大海浩瀚的景色联系在一起。这是潜意识里的悬崖峭壁。大海的景色壮观,但并不安分。"①

《九三年》

1871年7月,雨果在选举中落败。老诗人因为对巴黎公社持庇护态度,威信扫地。1872年1月,新一轮选举中他又一次失败。"两次意料中的选举失败,把他排除在积极的政治生活之外。"②1872年8月7日,雨果灰溜溜地离开巴黎,回到自己的流亡地根西岛:"因为,得了,我得说明白,我就是喜欢流亡。"③是这样吗?

原来,他兴致勃勃地又开始创作。作家静下心来,不受打扰地创作,是惬意不过的事情。莫洛亚的《雨果传》说:"过去他写小说时,从来也没有像在写《九三年》时感到更大的幸福。"④1872年11月21日,雨果写道:"今天开始写《九三年》一书(第一部)。……我取出在巴黎买的新的水晶墨水瓶,再打开一瓶新墨水,注满新墨水瓶。我拿出一令专为写本书而买的纸,一支很好使的旧笔,开始写下第一页……"⑤雨果投入将近一年时间,1873年7月31日成稿。1874年2月,

---

① 马森主编:《编年版雨果全集》,第14卷,第481页。
② 巴雷尔:《雨果传》,第312页。
③ 同上书,第311页。
④ 莫洛亚:《雨果传》,第660页。
⑤ 同上。

《九三年》出版。传记作者莫洛亚佩服他的精力充沛："一口气地往下写,这是他30岁时写《巴黎圣母院》的写作方式。这位七十老翁创作时无论气魄和顽强都不减当年。"①

《九三年》指"1793年"。这是法国大革命进入高潮的年代,是空前绝后、也是独一无二的年代。《九三年》是写大革命的小说。对雨果来说,这是诗人写历史的小说。小说的酝酿可以上溯到《悲惨世界》发表后不久,1863年5月,他向弟子默里斯透露自己的担心："上帝会给我生命和力量,来完成这部我敌人称之为荒唐事的巨著吗?要推动这些大山,我都老了,是怎么样的高山啊!千真万确是高山!是九三年,总算是!"②果然,酝酿超过了10年。雨果回到高城居里,大量的笔记和图书在等他。这次用的参考书比以往任何一部小说都多得多。

"他从书里借用了形象、姓名、方言、服饰细节、生活方式,以及发生的事件。"他"参考过全套的旧《箴言报》,了解国民公会的会议情况"。"博南的《法国大革命史》还保留着书签,标在'1793年5月31日的紧急处境'上。而《九三年》的开始:'一七九三年五月的最后几天'"。③他读过拉马丁的《吉隆特党人史》,高城居图书室里的那本,插满了书签。让·马森自己断言："《九三年》在雨果的所有小说中,是积累资料时间最长、积累资料最多的小说。"④今天,雨果留给我们的小

---

① 莫洛亚:《雨果传》,第661页。
② 马森主编:《雨果全集》,第12卷,第1219页。
③ 巴雷尔:《雨果传》,第316页。
④ 马森主编:《编年版雨果全集》,第15卷,第228页。

说"补遗"里,有 80 页之多,即八分之一的笔记没有写进小说。

《九三年》写 1793 年,也写雨果自己,写自己的一生,他的出身,他的变化,他的进步,他的今天和现在。正如《秋叶集》第一首诗的最后两句:

> 我忠于父母的血,血在我身上流淌,
> 我父亲是个老兵,母亲是个保王党!①

1793 年,父亲雨果上尉被派去旺代对付叛匪,母亲是激烈的旺代分子。冤家路窄,两人相遇,各怀目的。两人结婚了,雨果是共和思想和保王思想交锋的后代。所以,巴雷尔说:"雨果自己的身上就带有小说的主题,他不会忘记他体现了一个公民和一个女'匪徒'的婚事。"②这是出身。

研究家凡·提根(Philippe Van Tieghem)在其《雨果词典》里整理出雨果一生的变化和进步:

1827 年,诗人颂唱旺代的烈士;1830 年,雨果敬仰旺代的首领,但不再爱他们;

1841 年,雨果颂扬大革命和国民公会;1841 年《莱茵河》的结论:"四个数字吓人的光焰万丈";1852 年,《惩罚集》的《黑夜》颂扬"九三年这个巨人";1860 年,《悲惨世界》里国民公会成员以理想的名义祝福米里哀神甫;遗著《全琴集》在《绞架》里颂扬"九三年"。③

---

① 《雨果文集》,第 8 卷,第 138 页。
② 巴雷尔:《雨果传》,第 315 页。
③ Philippe Van Tieghem, *Dictionnaire de Victor Hugo*, Larousse, 1970, p.178.

但是,雨果在颂扬"九三年"的同时,总是对革命的具体进程和执行过程提出保留意见。

雨果研究专家戈东(J. Gaudon)认为:《九三年》是"70岁的作家要和自己算的这本账"①。回顾自己的一生,面对丰富的材料,雨果居高临下,处理素材,情节的脉络逐渐显现出来,写出晚年唯一的小说。巴雷尔说:"读起来像是一幅雨果式的历史画卷:真实的历史人物,而且又描写生动,处在故事的后景,而取材历史和朱安党人实例的创作人物在前台。"②

年迈的朗德纳克侯爵潜回法国,登陆后组织保王党人在布列塔尼的叛乱,他冷酷无情,口号是"决不饶恕"。巴黎救国委员会的对策是派遣蓝军司令郭文前去清剿。同时派西穆尔登协助和监视郭文。大革命前,西穆尔登曾是神甫,而且是郭文的老师。而郭文的出身是贵族,又是朗德纳克侯爵的侄子。此时,马拉在国民公会通过一条法令:判处放叛军囚犯越狱的任何军事长官死刑。这样,小说的三个主人公彼此有复杂的关系和命运,各自代表不同的政见和理想。我们知道,"郭文"是雨果情人朱丽叶的姓氏,情节的地点"图尔格塔"在朱丽叶的家乡富热尔地区。

这是一场敌对双方你死我活的战争。朗德纳克藏在图尔格塔地区,威胁要炸掉城堡和炸死作为蓝军人质的三个孩子。关键时候,最后一刻,朗德纳克对无辜的三个小生命动了恻隐之心,救出了三个孩子。蓝军司令郭文对匪首的仁义之举感到震撼,亲自去监狱,放

---

① 塞巴谢主编:《雨果全集》,"小说卷",第3卷,第1103页。
② 巴雷尔:《雨果传》,第318页。

走朗德纳克。西穆尔登负责对郭文的审判,判处自己的学生死刑。郭文的死刑执行时,西穆尔登开枪自杀身亡。"于是这两个灵魂,这两个悲惨的姐妹,一同飞去了。"①

  故事情节的背后,是法国大革命的巨大身影。人物的思想和行为无不牵动大革命的理想和信念。我们举出雨果的两段文字,说明雨果对大革命的理解和判断:

    "国民公会也许是历史的绝顶。"②"国民公会所颁布的一万一千二百一十条法令中,三分之一是有关政治的,三分之二是有关全人类的。它宣布普遍的道德是社会的基础,普遍的良心是法律的基础。"③

  西穆尔登和郭文辩论时说:"革命抓住过去,要把过去歼灭。革命在文明身上割开一道很深的伤口,人类的健康就要从这个伤口里生长出来。你痛苦吗?这是毫无疑问的。这个痛苦要延长多久呢?要有施行手术所需要的时间那么久。以后你就能活下去。革命在为世界开刀。因此才有这次流血——九三年。"④

  谁是最后的胜利者?最后的英雄?不是郭文和西穆尔登,也不是朗德纳克,而是三个天真无知的孩子。三条小生命的分量,是决定《九三年》结局的关键因素。在作者看来,撇去革命和反革命的人和事,孩子胜

---

① 《九三年》,郑永慧译,人民文学出版社1978年版,第450页。
② 同上书,第174页。
③ 同上书,第196页。
④ 同上书,第272页。

利了,正义胜利了,天道胜利了。"雨果在小说里又一次谴责了人类社会,大自然以'神圣美丽的反差'在控告人类的社会。"只有无忧无虑的孩子们,这场"'巨人们争吵'无辜的赌注……会来抚慰书中的人物和小说的作者……"①

雨果有一件私事,和《九三年》的顺利创作在时间上是对应的。这是雨果的一次黄昏恋,他在根西岛唱着一首和女仆白朗什相爱的牧歌。

《九三年》在《悲惨世界》后酝酿,在《凶年集》后动笔。诗人在《凶年集》里见证和评判凡尔赛政府和巴黎公社。紧接着,小说家又一次担当仲裁者的角色,但这是在80年前的蓝军和白军之间。有一个看似和小说无关的问题,值得提出来研究:小说《九三年》是巴黎公社的产物。

雨果原话:"九三年,是欧洲对付法国、法国对付巴黎的战争。而革命是什么?这是法国对欧洲、巴黎对法国取得的胜利。由此产生九三年这可怕的一刻的浩大无边,比这个世纪的其余全部时间更加伟大。"②这和巴黎公社有何关系?"小说是直接和1870年至1871年发生的事件对他产生的震撼有联系的。法国有相同的政治形势,国家外有外战,内有内战。"③

1867年12月3日,雨果给出版商拉克鲁瓦写信:"这部要写的九三年给了我某种苦役;有责任的苦役;这本书里有责任。"④其实,五年以后,作者并没有动笔

---

① 巴雷尔:《雨果传》,第319页。
② 同上。
③ 同上书,第315页。
④ 马森主编:《编年版雨果全集》,第13卷,第887页。

写的意思。正如三部曲的"一七八九年"始终没有写，《九三年》如果没有特殊的动因，也许永远深藏在雨果的心中。没有巴黎公社，这本书也许永远提不到创作的日程表上。巴黎公社给雨果心理上的冲击，使他重新拾起《九三年》的题材，并一鼓作气完成。

雨果研究专家罗萨(G. Rosa)教授在法国社会出版社集体编写的《法国的文学史》里认为："《笑面人》和《海上劳工》在保守派报纸上，受到温和的或有利的评论。1874年，《九三年》唤醒了仇恨：对公社的回忆让杜伊勒里宫的大火在图尔格塔的大火后面跳动不已。"杜伊勒里的大火是巴黎公社放的火，图尔格塔的大火是小说里旺代的战火。"公社社员和九三年的革命者太相似了，这些年对后者说的话指的不能不是他们。这种必然的双重性把《九三年》置于现实之中。"①

这样，我们有理由认为：《九三年》是一部借古讽今的小说，作者写1793年的革命战争，表达为巴黎公社辩护的意见。雨果的晚年，1871年以后，只为一件事操心。雨果庇护公社社员之后，为争取大赦努力，他写《凶年集》，他写《九三年》，他在《祖父乐》儿童题材里塞进政治题材。《言行录》里一次次呼吁大赦的发言，为一个公社社员的母亲或妻子的呼求，一而再、再而三地向被自己鄙视的麦克-马洪总统写亲笔信，都是为了这同一个目的。

同一位罗萨教授披露一份材料：《九三年》出版后，当年旺代叛军首领让·朱安的孙子给雨果写过信。

---

① *Histoire Littéraire de la France*, Les Editions Sociales, 1977, V. De 1848 à 1913, p.345.

信中说自己保持"对真正勇气应有的尊重和敬仰同时",已经"接受八九年永恒的真理,在自由的旗帜下受到庇护,在阳光下找到自己的位置"①。

1869年7月14日,雨果给英国诗人史温伯恩(Swinburne)复信:"你们是对的:你,拜伦,雪莱,三个贵族,三个共和派。而我呢,是从贵族爬上民主,是从世卿来到共和国,如同一个人从江河来到大海。"②雨果的一生,见证并亲历历史在变化,人类在进步。

小说《九三年》好看吗?见仁见智。《九三年》里没有爱情。1992年,三联书店出版过一本书,叫《带一本书去巴黎》。法国小说写巴黎的书太多啦,不胜枚举。打开书,惊讶之一,这"一本书"竟是雨果的《九三年》中译本。作者从美国去巴黎,似乎是学英语的,这是惊讶之二。《带一本书去巴黎》当年是畅销书,算是惊讶之三吧。

---

① 马森主编:《编年版雨果全集》,第15卷,第238页。
② 同上书,第14卷,第1277页。

第七讲

《悲惨世界》(上篇)

程曾厚讲
Hugo

引子

1987年初,我在查阅美国盖尔研究公司(Gale Research Company)出版的工具书《十九世纪文学评论》(Nineteen-Century Literature Criticism,简称 NCLC)时,惊讶地发现:第三卷的"雨果"词条里竟然没有《悲惨世界》的内容。我们给编辑部写信询问。2月10日,编辑部复信,告知有关《悲惨世界》的各家评论摘录,收在第十卷的《悲惨世界》词条里。这套大型工具书,一个作家一条词条,包括作家一生的创作。原来雨果是例外,是唯一的例外,雨果有两条词条:"雨果"(第3卷,共45页)和"《悲惨世界》"(第10卷,共28页)。我们第一次注意到:可以将雨果一生的创作分成两大部分,若把《悲惨世界》放在雨果一生的创作里介绍,则不能突出《悲惨世界》的应有地位。我认为,美国《十九世纪文学评论》编辑部的考虑不无道理。我同意他们的思路,接受他们的方法。至少,我将介绍雨果小说创作的内容分为两个部分:一是"雨果的小说",二是"《悲惨世界》"。

2002年6月22日,能在上海大剧院观看美国百老汇音乐剧《悲惨世界》演出的中国观众,可谓三生有幸。而读过《悲惨世界》中译本的读者,在我国为数不少。人民文学出版社从1958年开始出版《悲惨世界》,到1983年,已第四次印刷,累计印数超过15万册,正好赶上我国翻译文学的黄金时代。以后,我们看到书店里已摆上其他多家出版社的《悲惨世界》中译本。

1988年,我第一次在巴黎参加法国大学校际雨果研究会的每月例会,与会者向我们提出的第一个问题,是核实《悲惨世界》在中国的印数。据说法国作家阿拉贡(Louis Aragon)在一篇文章里提及,《悲惨世界》在中国出版了一百多万套。我当然明言:所传并不确切。

小说的前期写作

我们常说,1852年雨果在海岛流亡后,几乎每隔三年,完成一部重要作品。1853年出版诗集《惩罚集》,1856年出版诗集《静观集》,1859年出版诗集《历代传说集》(初集),1862年,出版长篇小说《悲惨世界》(Les Misérables)。对,情况真是这样。只是说得未免太轻松了。作家创作一部作品,有一个过程。

这个过程可以简单,很简短;也可以很不简单,很漫长。《悲惨世界》的创作过程很不简单,十分漫长。

雨果写小说,从《巴黎圣母院》到《九三年》,先要做好准备、搜集和研究相关资料的工作。《悲惨世界》自不例外。今天,对《悲惨世界》发生学的研究,使法国的雨果研究界仍然感到棘手。学者们说不清楚《悲惨世界》写作的契机和成因。我们只是知道,从狭义的写作来说,雨果是在1845年11月17日开始写作,当时的书名是《贫困》(Les Misères)。雨果有确切写完《悲惨世界》的文字记录。雨果致友人奥古斯特·瓦克里的信中说:"今天,1861年6月30日,上午八时半,灿烂的阳光照进窗口,我的《悲惨世界》完稿了。"① 从1845年年底,到1861年年中,整整16年半。

《悲惨世界》的主要情节,使用了基于对现实社会客观观察的现实主义创作手法。40年代前,雨果主要是浪漫主义作家。我们看到,作家雨果对待社会现实的态度,他的一些小件或小品作品,已经是现实主义作家的态度和作品了,而这些态度和作品与《悲惨世界》的主题思想和基本情节是一脉相承的。

1824年9月17日:

加斯帕尔·德·蓬斯(Gaspard de Pons)应雨果要求,给他寄来土伦苦役犯监狱的资料;

1827年:

雨果偶然看到断头机斩首前在试机;

雨果和昂热达维德(David d'Angers)观看给苦役

---

① 马森主编:《编年版雨果全集》,第12卷,第1120—1121页。

犯上脚镣；

　　1828年：

　　雨果和昂热达维德再一次观看给苦役犯上脚镣，并看苦役犯出发上路；

　　1829年：

　　《死囚末日记》出版；

　　1832年：

　　6月5日，雨果看到拉马克(Lamarque)将军葬礼后的共和派起义开始；

　　6月6日，雨果听到保卫圣梅里教堂(Cloître Saint-Merry)的故事；

　　根据真人真事创作《克洛德·葛》的初稿；

　　1834年：

　　6月23日,《克洛德·葛》在《巴黎评论》上发表；

　　《文哲杂论》内有《1830年一个革命者的日记》；

　　雨果在布雷斯特港参观苦役犯监狱；

　　1835年：

　　为小说中米里哀主教的原型米奥利斯(Miollis)家庭传记做笔记；

　　1839年：

　　巴尔贝斯(Barbès)起义失败被判处死刑，雨果干预,获得国王路易-菲利浦的赦免；

　　雨果在土伦参观苦役犯监狱,并做详细的笔记；

　　1841年：

　　1月9日：雨果晚上见到有恶少欺侮街头妓女,把雪团塞进她的背部,雨果在警察局为受害者作证。见《见闻录》的《芳汀的由来》；

1843年：

4月20日：雨果在新桥见到两个天真活泼的穷孩子。见《见闻录》的《当代见闻》；

1846年：

2月22日：雨果在图尔农街目睹偷面包的男子被带进警察局，外面停着一辆华丽的马车，车里坐着包裹在天鹅绒里的美少妇。见《见闻录》的《〈悲惨世界〉的幻景》；

1848年：

4月6日：见到3岁的男孩在母亲身边高唱"为祖国牺牲"。"为祖国牺牲"是大革命时代的《吉隆特党人之歌》的叠句，1848年很流行。见《见闻录》的《当代见闻》。

6月4日，当选国民议会议员；6月24日，被国民议会任命为去起义街区恢复秩序的60名特派员（commissaires）之一；发言保护政治犯；

1849年：

入选立法议会；7月9日：雨果在立法议会上，坐在右派的席位上，发表有关贫困的演说，建议成立三十人的委员会，准备和研究公共救援服务；这是他政治立场左转的开始；见《言行录》有关贫困的演说；

1851年：

2月20日，雨果和经济学家阿道尔夫·布朗基（Adolphe Blanqui）访问"利尔的地窖"（les caves de Lille）；3月，开始起草访问利尔地窖的长篇演说词，因时局急速变化，失去发表演说的时间和机会。1853年19日，诗人将此次见闻写成《惩罚集》里的讽刺诗《寻欢作乐》；

12月3日和4日:路易-拿破仑·波拿巴总统发动武装政变,雨果是抵抗政变委员会的成员,参与组织武装抵抗,在《一件罪行的历史》中有回忆博丹在街垒上牺牲的文字;

1855年:

12月25日,圣诞节,雨果在根西岛家里向家人朗读长诗《哀伤》(《静观集》第三部),女儿阿黛尔的《日记》记载:"我将给你们念的这首诗,"他对我们说,"来自1845年的贵族院,可以说,我是在贵族院里开始用这张纸写诗的。"父亲给我们看了这张令人肃然起敬的纸……父亲给我们念了这首诗后对我们说,正是这首诗里包含了未来发表的长篇小说《悲惨世界》的萌芽……"①

雨果从保王派青年,到自由派作家,到学士院院士,到贵族院世卿,到国民议会议员,到坚定的共和派政治家,到流亡国外的流亡者,岁月匆匆,身份不同,立场改变,但身上有一些思想不变,有一些态度不变。雨果关心社会底层受苦受难的大众,尤其关心社会的公正,关心司法制度,尤其是监狱和囚犯,穷人、妇女和儿童。

1829年的中篇小说《死囚末日记》,是具有现代风格的现实主义作品,是一篇强烈反对死刑的控诉状;

1834年的中篇小说《克洛德·葛》,是第一篇写贫穷的作品,是挖掘贫穷的社会根源的作品;主人公克洛德·葛经历的思想斗争,也是《悲惨世界》里冉阿让经

---

① Victor Hugo, *Oeuvres poétiques*, II, édition établie et annotée par P. Albouy, Bibliothèque de la Pléïade, 1967, p.1458.

历的思想斗争;

这些雨果20—50年代关心的东西,最后都出现在《悲惨世界》里。

小说的后期写作

《悲惨世界》的写作过程,不是直线的一鼓作气完成,可以分成既有必然联系、又有本质区别的两个阶段,以1851年12月的政变作为前后不同阶段的分界线。

如上文所述,《悲惨世界》是1845年11月17日动笔撰写的。到1848年2月21日,因二月革命的爆发而中断。① 这两年多的时间里,雨果几乎把全部精力扑在这部大部头作品上。

小说最早以最初男主人公的名字"让·特雷让"(Jean Tréjean)命名,叫《让·特雷让》。小说的第一稿,在今天第一部分的第二卷开篇。两个女主人公芳汀和珂赛特,在初稿里叫玛格丽特(Marguerite)和安娜·鲁埃(Anna Louet),安娜·鲁埃以后化成"百灵鸟"(Alouette),在《悲惨世界》里是珂赛特的外号;而马吕斯曾先是吕西安,后是托马,最后才是今天的马吕斯。

雨果留下两则写于1845年到1846年之间的写作提纲。

其一:关于冉阿让和珂赛特的年龄对应:

---

① *Les Misérables*, commentaires de Nicole Savy, notes de Guy Rosa, le Livre de Poche, 1985, p. 551.

"1800年的苦役犯——32岁

在第涅,1815年年底——47岁

富人,1820年——52岁

1822年收养,3岁以前——他54岁

1835年,市政府,16岁——67岁

1836年死去——68岁"①

其二:谈及小说里的四个主要人物:

一个圣人的故事

一个男人的故事

一个女人的故事

一个女娃的故事②

雨果又留下两则写于1847年的写作提示:

其一,点明主人公之所以收留珂赛特的心理原因:"在第一部分里(要有意)指明:J.T.(译注:让·特雷让)把自己看成是芳汀不幸和死亡的原因,他对珂赛特的行为是补偿。"③

其二,雨果写作时不无心理上的困惑:"我预见到《贫困》出版后的凌辱:作者竟然会给我们描绘一个法兰西世卿和一个捉奸抓住的女人的'贫困'。"④我们记得:1845年7月5日,雨果和比阿尔夫人的奸情暴露。四个半月后,雨果动笔创作小说。看来,雨果很快调整了自己的心理状态。

1847年12月,雨果和出版商签订合同,书名:《贫

---

① 塞巴谢主编:《雨果全集》,"工地卷"(Chantiers),第731页。
② 同上。
③ 同上。
④ 同上。

困》。其实,早在 7 月 31 日,由雨果两个儿子和两个弟子主持的《时事报》(*L'Evénement*)第 1 期,已经刊登将在年内出版的新书:《贫困》。①

1848 年 2 月,作者放下《贫困》时,小说已经写完四分之三。我们有理由相信,如果不是时局急转直下,如果不是历史的进程打乱了作家的计划,按照雨果的性格和能力,《贫困》很有可能在 1848 年完成并问世。

我们有兴趣知道:如果法国不发生 1851 年 12 月的政变,《贫困》本来会是一部怎么样的作品呢?和我们今天读到的《悲惨世界》一样吗?雨果研究专家巴雷尔(Barrère)的看法是:"在未完成的第一稿里,作品像是一部社会小说,甚至是大众化的小说,某种介乎欧仁·苏和巴尔扎克之间的东西,但用的是《巴黎圣母院》的艺术手法。"②我们会在《贫困》里看到同样的社会贫困,同样的底层人物,同样的宏大场面,同样的紧张情节,同样错综复杂的人物关系,同样丰富的题外知识。雨果笔下的社会小说,会比欧仁·苏写得更好,也会比大仲马写得更好。那样的一部《贫困》短时间内也许会给作者赢得更多的读者,但也许,世界文学会因此少了一部杰作,少了一部经典。13 年后的 1861 年,《悲惨世界》的出版商拉克鲁瓦(Lacroix)希望能删去一些讲哲理的段落,遭到雨果拒绝。雨果的理由是:"进展迅速而又轻松的戏也许可以成功十二个月,而深刻的戏肯定可以成功十二年。"③

---

① *Les Misérables*, Préface et commentaires par Arnaud Laster, Pocket, 1992, p. 413.
② 巴雷尔:《雨果传》,第 249 页。
③ 莫洛亚:《雨果传》,第 574 页。

政变后,雨果流亡海岛。历史拐弯了。雨果的人生轨迹改变了。整整十年,比"贫困"更紧迫的事情接踵而来,作者几乎忘记了手稿箱里躺着一部《贫困》。1860 年 4 月,出版商拉克鲁瓦给雨果写信:"《历代传说集》对广大公众来说,太严肃了,太高雅了。"①生意人的潜台词是不畅销。是给出版的书籍换口味的时候了。这样,促成雨果优先考虑《悲惨世界》。1853 年 10 月 4 日,雨果建议早年的两个出版商考虑《悲惨世界》。此时,《贫困》更名为《悲惨世界》。1854 年,雨果在泽西岛上,和儿子夏尔谈起这部小说,说是"一部贫困的社会史诗"②。

现在,"贫困"的景象一一回到作者的眼前,封尘多年的《贫困》手稿终于苏醒了。现在,没有巴黎名流的社交活动,没有议会大厅的吵闹喧哗,比阿尔夫人只是个美好的回忆,爱女亡故的伤痛已经平息。而且,雨果现在头上是安详的蓝天,更加接近上帝,脚下是咆哮的大海,面对无限。雨果集中思想,集中精力,集中时间,把目光锁定在他一度倾力投入并接近完稿的大部头小说。

作者的视野更加开阔,境界更加深远。1860 年 4 月 26 日,雨果手记:"我开始先读一遍《悲惨世界》(1848 年 2 月 21 日中断)已经写成的部分。"③1860 年 5 月 21 日,雨果手记:"我今天把《悲惨世界》的手稿

---

① 巴雷尔:《雨果传》,第 249 页。
② *Les Misérables*, Préface et commentaires par Arnaud Laster, Pocket, 1992, p.414.
③ 马森主编:《编年版雨果全集》,第 10 卷,第 1514 页。

和笔记预先读完了。"①今天的雨果对昨天的雨果写下的东西,当然不会照单全收。雨果新的手记:"今天,1860年12月30日,"他在笔记里写道,"我开始写《悲惨世界》。从4月26日到5月12日,我重读了手稿。有七个月的时间,我对自己头脑里的整个作品深思熟虑,融会贯通,以便使我在12年前写的东西和现在要写的东西之间绝对吻合。"②

这"深思熟虑,融会贯通",这"绝对吻合",提法合理,但做起来谈何容易。1860年上半年,雨果在重读旧稿时,写成一篇大文章,自题:《哲学。一本书的开端》,以后国立印刷所版《雨果全集》更名为"哲学序言"。全文很长,合中文五万字左右。大部分写于1860年5月到8月。全文分两大部分:第一部分谈上帝,已写完;第二部分谈灵魂,远没有写完。这是重新撰写《悲惨世界》前必要的哲理思考。当然和《悲惨世界》有密切关系。雨果对于这篇"几乎是有关他个人宗教哲学的著作",决定用作《悲惨世界》的专用序言,或是作为他全部著作的"总序言"。最后由于出版商的反对,决定和《悲惨世界》脱钩。我们仅限于用两句话概括。《哲学。一本书的开端》开始:"大家会读到的书是一部宗教书。"全文结束:"我信仰上帝。"③由此可见雨果创作《悲惨世界》时所抱有的宗教热忱。

1861年3月20日,雨果将主人公让·弗拉让(Jean Flajean)改成冉阿让(Jean Valjean)。从此,千千

---

① 马森主编:《编年版雨果全集》,第12卷,第1328页。
② 同上书,第1353页。
③ 巴雷尔:《雨果传》,第261页。

万万读者的心中,记住了冉阿让这个不寻常的名字。①

雨果面对旧作,重阅全稿,头脑里装着《哲学。一本书的开端》,并下定决心。1860年6月24日,雨果给友人保尔·默里斯写信:"我将竭尽全力,重新扑在《悲惨世界》上。"②接下来,便是集中精力、一气呵成的创作。1860年7月19日,雨果又给默里斯写信:"我完全沉浸在《悲惨世界》里,而这件作品望不到头,会把我带到比我的估计更远的地方去。"③

1861年6月30日,一声轻松的欢呼。雨果致信奥古斯特·瓦克里:"今天,1861年6月30日,上午八时半,灿烂的阳光照进窗口,我的《悲惨世界》完稿了。我知道,这个消息会使你感到一点兴趣,我希望,这个消息由我亲自来告诉你。我应当给你寄这张出生喜帖;你对这部作品态度友善,并在你出色的《侧影与怪相》一书中已经提及。谨向你告知,这孩子身体健壮。我给你写上这几行字,用的是写书剩下的最后一滴墨水……我正是在滑铁卢的现场,在滑铁卢的月份,打了我的大仗。我希望这个仗没有打输掉……我写的东西丝毫不急于出版。对我来说,重要的是《悲惨世界》写完了。"④1861年10月26日,雨果手记:"我重新读完了《悲惨世界》。"⑤

至此,雨果的《悲惨世界》宣告完成。其实校对清样的工作同样艰苦,同样费力。最后,成功的喜讯从欧

---

① *Les Misérables*, Préface et commentaires par Arnaud Laster, Pocket, 1992, p.415.
② 马森主编:《编年版雨果全集》,第12卷,第1102页。
③ 同上书,第1103页。
④ 同上书,第1120—1121页。
⑤ 同上书,第1372页。

洲大陆纷纷传来。1862年3月30日,比利时出版,清样由雨果亲自校对;1862年4月3日,巴黎出版,清稿由默里斯校对。① 1862年7月6日,默里斯致信雨果:"六天来,巴黎在阅读、在如饥似渴地阅读《悲惨世界》。人们已开始在谈论,某些报纸也有评论,从中可以预示,轻而易举宣布的巨大成功果然如此。大家都心醉了,大家都入迷了!不会再有小小的反对,不会再有些许的保留。这部气势磅礴的巨作情操高尚,正义凛然,悲天悯人,它压倒一切,对人人都不可抗拒……"②

早在1861年10月4日,作者和比利时年轻的出版商阿尔贝·拉克鲁瓦签订《悲惨世界》的出版合同,合同期12年。稿酬30万法郎。拉斯泰教授在他1992年校注的三卷本《悲惨世界》里,提供一个数字。1861年的"三十万法郎"相当于1992年的900万法郎。1992年,法郎和人民币的比价,大约是一比一。③

《悲惨世界》的特点

《悲惨世界》的书名就是《悲惨世界》的主题。《悲惨世界》的书名,就是小说的集体主人公。《悲惨世界》是既不优雅、也不抒情的书名。《悲惨世界》是雨果的心灵直白,是雨果一生最揪心的事情。

《悲惨世界》把读者带入的"世界",是时空上距今遥远的世界。《悲惨世界》是法国第一部写贫困的小

---

① 莫洛亚:《雨果传》,第574页。
② 同上。
③ *Les Misérables*, Préface et commentaires par Arnaud Laster, Pocket, 1992, p.391.

说,是法国工业化前夕的最后一部小说。历史不仅是背景,历史也参与故事情节:第一帝国的回忆和消亡,王政复辟的初期,7月王朝初期的起义和街垒,作者借1848年革命的经历一一铺陈进《悲惨世界》的各个章节。历史的画面,可以在王宫里展开,更多是在战场上和小街小巷里展开。

雨果的"悲惨世界",除了穷人,穷人,还是穷人;有苦役犯,有密探,有麋集的城市贫民。当时,法国是半农业的社会,处在工业化的前期,现代意义上的工业无产者大军没有形成,社会呈现出光怪陆离和躁动不安的景象。小说没有雨果30年代自身所处的艺术氛围,没有雨果40年代自己侧身的高雅情调。

"悲惨世界"里熙熙攘攘,杂沓,灰暗。这贫困的世界是雨果熟悉的世界:他访问利尔的地窖,他历来反对死刑,他由此剖析王政复辟前后,为维系社会秩序、对付底层民众的整套法律机器。社会的最高层,社会的最低层;上自国王路易-菲利浦,下至芸芸众生,底层的人群在成为城市无产阶级前,暂时是小旅舍老板,手工业者,小店主,仆人,生活在失业的阴影下,随时可以堕落,处在偷盗、犯罪和卖淫的边缘。

《悲惨世界》的特点,一大,二杂。

先说大。

小说的体量大。五大部分,48卷,至于章节的总数,雨果在玩弄数字游戏,整整365章。

小说的场面大。滑铁卢战场的场面很大,雨果亲自去战场考察,现场写作,反对《悲惨世界》的拉马丁也承认和赞美作者超越前人的史诗般的写作;巴黎下水道的场面大,有几个巴黎人认识自己脚下下水道的宏大工程？雨果深入研究过下水道系统。巴黎人民起义时街垒的战斗场面大。雨果1848年和1851年两度爬上街垒，对街垒有第一手的亲身经验。19世纪的作家，包括《人间喜剧》的作者巴尔扎克也没有为我们留下法国19世纪革命历史最主要的象征——街垒的画面。

再说杂。

小说的人物杂。第一线主要人物，除冉阿让、卞福汝主教和警察沙威外，还有芳汀、珂赛特、德纳第夫妇和安灼拉等，都是主要人物，次要人物的队伍更加庞大，在他们的后面有整个"悲惨世界"里的芸芸众生，有社会生活的三教九流，各行各业，而在史诗画卷的大背景上，还有真实的历史人物在走动。出人意料的是，作者雨果也是书中的一个人物；作者在滑铁卢出场，表明故事的真实性和可靠性。作者在书中是无所不知者，经常是情节的评判者。

小说的地点杂。人物的众多必然带来地点的多变。拿破仑帝国陨落、千军万马灰飞烟灭的古战场滑铁卢，冉阿让搭救马吕斯的巴黎下水道，伽弗洛什的小灵魂升天的街垒，小山城迪涅，滨海蒙特勒伊的烧料厂，孟费郿的小客栈，比克布斯小街的修女会，巴黎的咖啡馆，等等，不胜枚举，众多的地点提供众多人物命运交叉的场合。

小说的手法杂。各种体裁，各种风格，罗列杂陈。社会小说，风俗小说，历史小说，侦探小说，哲理思考，离奇情节，节外生枝，引经据典，旁征博引，应有尽有。故事的叙讲，景物的描绘，对话的使用，内心的独白，人物的书信，人物的梦境，题外的发挥，以至历史的图片资料,应有尽有。第二部分结尾处,出现一张图片,一张1793年旺代地区保王党军队使用的代价券。让历史文物说话,替代了多少描述和评价。《悲惨世界》还有歌曲,有诗篇,这是雨果的强项,也是小说引人入胜之处。

小说的语言杂。作品的语调随文体变化而变化,人物的语言随人物的身份不同而不同。史诗有史诗的语言,情话是呢喃的情话。作者的教训是严肃认真的语言,作者的思考是哲理的语调。三教九流,各色人等,各有自己的语言,从贵族的客厅,到民间的俚语,到匪帮的黑话。《悲惨世界》有介绍和研究"黑话"的特别章节,雨果津津有味地款款道来。

通常情况下"大"和"杂"不是优点,大而无当,杂乱无章,会是葬送小说的缺点。

此地,我们特别要提到有些雨果研究专家提出的论点:写作小说《悲惨世界》的两条轴线:平面的故事发展轴线,和垂直的哲理思索轴线。19世纪小说的特点,是平面展开情节,由故事和情节本身揭示作者的意图。《悲惨世界》不仅有平面的轴线,这是叙述具体的故事进程,更有一条垂直升起的轴线,这是标示人类良心、高扬道德至上的轴线。作者不时停下故事的脚步,为人和事做出分析和评判,超越人和事的物质层面,把人和事提高到应有的精神层面。最后,借助这两条轴线的交会,借助这两个层面的互动,产生小说最后的道德意义。在雨果看来,这是宗教的道德意义,亦即如雨果在《哲学。一本书的开端》所说:"这是一本宗教的书。"

雨果的《悲惨世界》是现实主义和浪漫主义的融

合。现实的手法,理想的主题。现实以理想为基础,理想有现实为依托。有人认为,《悲惨世界》启发了以后的一些作家,例如俄国的陀思妥耶夫斯基。

小说的分析:三个主角

《悲惨世界》的中译本书名,和本书的法文书名一样,一望而知,并不突出一个主人公,或几个主要角色。小说写的是一个"世界",这个"世界"里有众多的人物。《悲惨世界》里有主要角色,有次要角色,有次要人物,有真实的历史人物在小说背景上进进出出,更有有名或无名的芸芸众生在底层熙攘往来,共同构成法国19世纪拿破仑失败后,王政复辟到路易-菲利浦王朝期间的社会生活。这是一幅历史长卷。这是一首史诗。

谁是《悲惨世界》最重要的主人公?今天,《悲惨世界》音乐剧的"招牌"人物是珂赛特。珂赛特只是童年受苦的儿童形象,是雨果成功塑造的人物。很多读者读《悲惨世界》,会联想到德拉克洛瓦(E. Delacroix)的名画《自由领导人民》(*La Liberté guidant le peuple*),画幅的前景有一个手持双枪的男孩,他是小说里的巴黎流浪儿伽弗洛什。伽弗洛什是《悲惨世界》里又一个十分成功的儿童形象,他在小说的人物群像里几乎有重要的独立意义。伽弗洛什在街垒上被打死的场面,这个小小灵魂的升天,是整部小说最激动人心的画面之一。我们可以说,珂赛特和伽弗洛什是《悲惨世界》中两个动人、感人和成功的孩子形象。

《悲惨世界》是一部"宗教的书"。两个孩子承担不起这样重大的主题。作者在小说第一部分第七卷第三章"脑海中的风暴"里说得清楚:这是写一个人的良心的诗篇。"写人的良心的诗篇,哪怕只写一个人,哪怕只写最微不足道的一个人,这就是把历来的一切史诗,熔铸进一首终极的高级的史诗。"①一个人,纵观全书,这个人当然是冉阿让。小说五大部分,48卷,中译本将近1100页,超过122万字,这样宏大的篇幅,只是为了铺垫这部一个人的史诗。

雨果以前小说的人物,我们想到的是《巴黎圣母院》里的主要人物,似乎都是"命定"的人物,他们的行为都是命中注定的,人物本人没有可能改变自己的命运。可是,冉阿让有贫穷的命运,有耻辱的命运,有灾难的命运。但冉阿让的一生是和命运搏斗的一生。冉阿让一生都在成长,在成熟,在走一条赎罪的道路。他积德,他自我牺牲,他彻底忘我,他拯救自己的良心,他以超人的勇气,成功地走完了这条布满荆棘的自我救赎的道路。作为社会的人,他在小说结尾无声无息地死去:

<pre>
他睡了。虽说他命运古怪崎岖,
他已为人一世,天使走后死去;
事物有去有来,其实简简单单,
如同白昼过后,便是夜的黑暗。
</pre>

"他已为人一世",在上帝面前,冉阿让新生了。

---

① 马森主编:《编年版雨果全集》,第10卷,第201页。雨果作品的中译文,我们通常引用人民文学出版社的译文。《悲惨世界》李丹、方于的译文如下:"赞美人心,纵使只涉及一个人,只涉及人群中最微贱的一个,也得熔冶一切歌颂英雄的诗文于一炉,赋成一首优越成熟的英雄颂歌。"(《雨果文集》,第2卷,李丹、方于译,人民文学出版社2002年版,第272页)

我们看到,冉阿让最后没有成为基督徒,他和作者雨果一样,只是一个有信仰的人,一个心中有上帝的人。《悲惨世界》在我们面前展示出冉阿让漫长的、荆棘丛生的受难过程。在雨果笔下,小说包含了基督教信仰里"受难"的全部含义。冉阿让没有走进教堂,而他拥抱了上帝。他成为"上帝的公务员"。历史学家吉伊曼(H. Guillemin)给比鲁埃(G. Piroué)的《小说家雨果》作序:"我同意比鲁埃的话,完全同意。冉阿让'属于圣人的盛人行列'。"①

冉阿让幡然悔悟,他弃旧自新,是由卞福汝主教带上路的。冉阿让的一生,偷了两次东西。第一次偷了面包,为他带来19年的牢狱之灾,第二次偷了银餐具,让他发现了上帝。第一次偷窃,为他打开了苦役犯监狱的牢门,第二次偷窃,让他看到了开着的天国之门。米里哀主教重身教,轻言教,没有私欲,不图享受,只把上帝的教导传给人间。他被教区内的穷人叫做"卞福汝主教",法文中"卞福汝"(Bienvenu)是"欢迎"的意思。

冉阿让在米里哀主教家里,第一次受到人和人之间的平等相待。警察带着冉阿让和他的赃物来主教家对质:

"呀!您来了!"他望着冉阿让大声说,"我真高兴看见您。怎么!那一对烛台,我也送给您了,那和其余的东西一样,都是银的,您可以变卖二百

---

① Georges Piroué, *Victor Hugo romancier*, Denoël, 1964, p. IV.

法郎。您为什么没有把那对烛台和餐具一同带走呢?"①

苦役犯的震惊是可想而知的。冉阿让没有说话,他的心灵给狠狠抽打了一下。米里哀主教如此传播福音,但未必是正宗的天主教神职人员。

米里哀主教有原型,叫米奥利斯,实有其人,雨果1835年已经关注这迪涅主教的行踪了。1854年7月13日,雨果和儿子夏尔对米里哀主教的角色,有过一次讨论。夏尔认为:"民主的敌人,是神甫,尤其是天主教神甫。把一个天主教神甫写成完美和智慧的典型,是给天主教会帮了忙……"雨果回答:"一般地说,宗教是宗教,神甫是神甫。可以有多种方式做神甫。教导不可见的世界的人就是神甫。任何思想家都是神甫。……天主教神甫,何况这个纯粹、高尚的真正的神甫,是对今天神甫的莫大讽刺。"②1862年4月21日,《悲惨世界》一出版,米里哀主教的原型米奥利斯主教的侄子给《联盟报》写信,指责雨果诬蔑和歪曲他的叔父,他叔父是教会和教宗的信徒,居然让主教向大革命时代的国民公会代表屈尊求教。③

诗人波德莱尔认为:"卞福汝主教是夸大了的慈悲心,是对自我牺牲的不变信仰,是对把慈悲心当做最佳教育方式的绝对信任。"④法国哲学家阿兰(Alain)说:

---

① 《雨果文集》,第2卷,李丹、方于译,人民文学出版社2002年版,第129页。
② Les Misérables, Préface et commentaires par Arnaud Laster, Pocket, 1992, pp. 325—326.
③ Les Misérables, Pocket, 1992, pp. 328—330.
④ Dictionnaire des personnages, Robert Laffont, 1980, p. 690.

"雨果远在卞福汝主教之下。这我知道。然而,这位大地之子却能从纷繁杂沓的激情之中,创造出这个高出众人之上的人间圣人来。"①

冉阿让走完自我救赎的道路,只有卞福汝主教的指引是不够的。如果只靠一次"顿悟",如果这条路走起来并不费力,人人走来都轻轻松松,这未必就是一条救赎的正路。《悲惨世界》给冉阿让的路上设置了诸多障碍,苦役犯需要超人的勇气,需要超人的力量,需要和自己良心进行反复的较量,才能救赎自己的灵魂。这样,需要出现第三个人,第三种力量。于是,雨果创造了沙威。

沙威的职业是警察。他是法律盲目和僵化的工具,清正、无私,死心塌地维护现存的社会秩序,服务国家利益。卞福汝主教在小说开始时,和冉阿让相遇一次,圣人和罪人仅仅相遇唯一的一次,便成永诀。相反,沙威原是社会底层出身,是土伦苦役犯监狱的看守。沙威决不容忍违反现有法律的人和事。他对自己的职务彻底忠诚,绝对不讲情面。他到处追踪冉阿让,不论冉阿让隐姓埋名,变更地点,变更身份,不把越狱的苦役犯缉拿归案决不罢休。他把人分成不可调和的两类:服从法律的人和违反法律的人。冉阿让救赎的道路曲折漫长,沙威追捕的道路同样曲折漫长。

在战斗的街垒上,在枪林弹雨的背景下,冉阿让受命枪毙被捕的沙威。但他以善报恶,放了空枪,救了非要自己命不可的沙威。沙威蒙了,他直来直去、黑白分明的头脑理解不了。法律在慈悲面前失败了。沙威过

---

① 莫洛亚:《雨果传》,第569页。

于正直,过于无私。他无法向法律交代,也无法向自己解释。他选择跳塞纳河一死了事。雨果要告诉读者,沙威虽然作恶一世,但最后以死拯救了自己。恶人最终可以得到原谅。

一个苦役犯,一个神甫,一个警察,由这三人完成《悲惨世界》的主题,传达小说给我们的启示。这不是"三位一体",但却是三者缺一不可。这三个主要人物,或是传布上帝福音的人,或是经过受难完成救赎的人,或是虽有恶行、最终觉悟的人。我们可以看到,这三个人物都是孤独的人,神甫除了妹妹,眼里只有穷苦的人;冉阿让无亲无故,以领养的珂赛特为自己奉献的对象;而沙威只是一匹孤独的狼。

小说的自传成分

《悲惨世界》不是一部自传体的作品,绝对不是。小说家在小说里写进一些个人的生活片段,当然是很自然的事情。雨果也把很多个人的东西编织进小说,有心的读者会有意外的发现。雨果借用父亲和朱丽叶等生活中很多亲友的名字,作为自己书中人物的名字。

马吕斯是珂赛特未来的丈夫。雨果是这样介绍马吕斯的外貌特征的:"马吕斯在这时已经是个美少年,中等身材,头发乌黑而厚,额高而聪明,鼻孔轩豁,富有热情,气度诚挚稳重,整个面貌有一种说不出的高傲、若有所思和天真的神态。……他的态度是谦逊,冷淡,文雅,不很开朗的。由于他的嘴生得动人,牙齿也无比地白,微微一笑便可以纠正整个外貌的严肃气氛。有时候,那真是一种奇特的对比,额头高洁而笑容富于肉感。他的眼眶小,眼神却广阔。"①马吕斯的少年形象是从雨果的少年形象复制而来的。雨果在小说里描绘的是自己。1832年,一颗流弹差一点击中我们的诗人,于是,小说里也有一颗流弹差一点击中马吕斯。

1841年1月9日,雨果当上法兰西学士院院士才两天,便在途中遇到无聊恶少欺侮妓女的事情,雨果不顾可能会招来的麻烦,亲自去警察局为受害者作证。今天,《见闻录》里有一则雨果留下的文字:《芳汀的由来》,详细记述了经过。这则生活细节,被原封不动地移植进小说第1部第5卷的第12章:"巴马达波先生的无聊"。②

雨果更多的私人回忆或公然、或隐秘地出现在《悲惨世界》里。

公然的纪念。1833年2月16日,珂赛特和马吕斯的新婚之夜,明眼人一看便知:这是雨果和朱丽叶·德鲁埃两人定情的神圣的夜晚。雨果和朱丽叶长达50年的爱情,是从这一晚开始的。《雨果传》的作者巴雷尔说:这"是毫不掩饰地对朱丽叶表示敬意"③,并断言"雨果在他的小说里提供了个人的经验或周围熟人的经验。这一片可发掘的场地肯定还有很多我们没有打开的地方"④。

珂赛特所受的教育,几乎就是情人朱丽叶所受的教育。作者在小说里可以无所不知,但雨果怎么会熟悉修女院里的日常生活呢?1847年8月,朱丽叶开始

---

① 《雨果文集》,第3卷,第850页。
② 《雨果文集》,第2卷,第234页。
③ 巴雷尔:《雨果传》,第257页。
④ 同上。

誊抄《贫困》的手稿,兴奋不已。9月,雨果请朱丽叶写她童年时代在修女院的回忆,供他参考。朱丽叶写成《修女院寄宿女生的回忆》,约合中文 7000 字,为雨果撰写小比克布斯修女院提供了真实的依据。① 《悲惨世界》里第二部的第六卷,修女院里的食堂、花园等,并非是男性作家的凭空想象。至于修女院坐落在小比克布斯街上的 62 号,据说因为雨果当年正好 60 岁,时在 1862 年。这又是隐蔽的回忆。

---

① «Souvenirs d'une pensionnaire», *Juliette Drouet, Souvenirs 1843—1854*, Texte établi par Gérard Pouchain, Des Femmes, 2006, pp. 125—145.

第八讲

《悲惨世界》(下篇)

程曾厚讲
雨果

雨果自己谈小说

雨果自己如何看待《悲惨世界》呢?

第一,雨果为《悲惨世界》写的序言,最值得我们重视。作者用心写成的《哲学。一本书的开端》,最后没有成为小说序言,此文今天只有研究的意义。雨果于1861年年初的序言:"只要因法律和习俗所造成的社会压迫还存在一天,在文明鼎盛时期人为地把人间变成地狱并且使人类与生俱来的幸运遭受不可避免的灾祸;只要本世纪的三个问题——贫穷使男子潦倒,饥饿使妇女堕落,黑暗使儿童羸弱——还得不到解决;只要在某些地区还可能发生社会的毒害,换句话说同时也是从更广的意义来说,只要这世界上还有愚昧和困苦,那么,和本书同一性质的作品都不会是无用的。"①这篇序言简略,不到二百字,仅是《哲学。一本书的开端》长文的三十分之一。

第二,《悲惨世界》里多次对"悲惨世界"下的定义。

第一部,第七卷,第三章,"脑海中的风暴":"赞美人心,纵使只涉及一个人,只涉及人群中最微贱的一个,也得熔冶一切歌颂英雄的诗文于一炉,赋成一首优越成熟的英雄颂。"②

第二部,第七卷,第一章,"从抽象意义谈修院":"本书是一个剧本,其中的主要角色是无极。人是次要角色。"③

第五部,第一卷,第二十章,"死者有理,活人无过":"此刻,读者手边的这部书,中间不论有怎样的间断、例外或缺失,从头到尾,就整本到细节都是从恶走向善,从不公正到公正,从假到真,从黑夜到天明,从欲望到良心,从腐化到生活,从兽行到责任,从地狱到天堂,从虚无到上帝。它的出发点是物质,终止处是心灵;它由七头蛇开始,以天使告终。"④

这样的论述,属于这部小说创作的垂直轴线。作者高举"良心"的大旗,执意让社会"从黑夜到天明",调子定得很高。

第三,小说出版前后,雨果在通信中经常谈到自己

---

① 《雨果文集》,第 2 卷,第 19 页。
② 同上书,第 272 页。我们在"作品的分析"中提出过另一种译文。
③ 《雨果文集》,第 3 卷,第 610 页。
④ 《雨果文集》,第 4 卷,第 1512 页。

对小说的看法。

1862年3月13日,雨果致信《悲惨世界》的出版商阿尔贝·拉克鲁瓦：

> 我相信,你会愈益看到我在根西岛和你谈起《悲惨世界》说过的话是真实的:"这本书,是历史掺和了悲剧,这就是本世纪;这是一面巨大的镜子,反映出人类浩大的生活里某一天的真情实景。"①

小说出版后,反馈的信息纷至沓来。雨果一再思索和总结自己为本世纪、为人类完成的这部小说。

1862年6月21日,雨果致信莫兰(Frédéric Morin, 1823—1874):

> 这部书是从内向外写的。观念产生人物,人物提供情节,这其实就是艺术的法则,而在观念的位置上,放上理想,亦即上帝,作为发动者,我们看到这正就是自然的形成。命运,尤其是生命,时代,尤其是本世纪,人,尤其是人民,上帝,尤其是世界,这些是我力求写进本书的内容,可以说是关于无限的论著。一切严肃的有关无限的研究,结论都归于进步。静观完美,证明有完美性。由此真正引出政治和社会的法则,这是自然法则的必然结果;创造者之外,别无权威可言;神性排除王权。——共和国出自宗教。②

1862年6月24日,雨果回复拉马丁：

---

① 马森主编:《编年版雨果全集》,第12卷,第1152页。
② 同上书,第1179—1180页。

我杰出的朋友：

如果激进就是理想，对，我是激进派。对，从一切意义上说，我理解、我要求、我呼吁更好的事物；虽有谚语责难，"更好"不是"好"的敌人，因为这等于说："更好"是"坏"的朋友。对，允许有贫困的社会，对，允许有地狱的宗教，对，允许有战争的人类，在我看来是低等的社会、宗教和人类，而我是仰望更高的社会，更高的人类，更高的宗教：没有国王的社会，没有边境的人类，没有经籍的宗教。对，我和出卖谎言的神甫、和判案不公正的法官进行斗争。在消灭寄生虫的同时，要人人拥有财产（这和废除财产是对立的），即要达到这样的目标：每个人都拥有产权，没有人是主子。对，这就是我真正的社会政治经济学。目标很远。这是不向着目标前进的理由吗？我简而言之。对，只要允许人有意志，我要摧毁人的宿命论；我谴责奴隶制度，我驱赶贫困，我教育无知，我治疗疾病，我照亮黑夜，我憎恨仇恨。

这就是我这个人，这就是我为什么写《悲惨世界》。

在我的思想里，《悲惨世界》无非是一本以博爱为基础、以进步为顶点的书。①

也许，早在1850年，雨果在巴尔扎克葬礼上的演说，说的是《人间喜剧》的作者巴尔扎克，也是在说19世纪这一代的作家，更是在说《悲惨世界》作者自己：

---

① 马森主编：《编年版雨果全集》，第12卷，第1180页。

巴尔扎克先生属于19世纪随拿破仑而来的这一代雄劲有力的作家……他的全部作品只是一部作品,这部作品生动,辉煌,深刻,我们全部的当代文明在书中带着真实性,又带着我说不出来的可怕和可畏,在书中去去来来,在书中走动,在书中运动;这部精彩的书,诗人称之为戏剧,其实应该称之为历史……这部书充塞真实、亲密、庸俗、粗俗、具体的内容,而有时候却通过冷不防口子大大地撕裂的现实,突然令人依稀看到最阴沉、最凄惨的理想。这部宏大的奇书的作者,他自己不知道,也不论他愿意与否,不论他同意与否,是属于革命作家的强大群体里的。①

如果说巴尔扎克"他自己不知道",而雨果自己是清楚的,雨果"属于革命作家的强大群体"。

雨果自己对《悲惨世界》更详尽的论述,不是短短的序言,不是几封书信中的阐述,而是1862年10月18日,专门给意大利文版写的序文。全文阐发得更为透彻,值得我们重视。考虑到雨果的这篇序文较长,作为附录,放在这一讲之后。

同时代人的评价

《悲惨世界》出版,获得极大成功。首先,小说彻底征服了出版小说的出版商,拉克鲁瓦"哭了"。罗曼和贝洛斯塔合著的《〈悲惨世界〉,沉思的小说》里,引证了拉克鲁瓦的书信。1862年5月25日,他给雨果

---

① 《雨果文集》,第11卷,第287—288页。

写信道:"啊!亲爱的、杰出的大师,我跟你说,我要拼命对你喊:你的《悲惨世界》,也许是历来最高大的作品。本世纪没有产生过如此伟大、如此完整、如此有力的东西。……我读了,我通读了,我贪婪地读了你篇幅宏大的作品。我看到了作品的成功。我哭了。"①

拉克鲁瓦有精明的眼光,他"付了三十万法郎,可是他从1862年到1868年这几年间,却净赚五十一万七千法郎"②。购买《悲惨世界》的读者多数是普通民众。至于评论界,热情的评论不多,怀有敌意的评论家恶毒咒骂,连雨果往日的朋友,也不敢苟同,颇有微词,甚至大肆讨伐。

雨果以政治家的心思,概括眼前滚滚而来的评论,从论敌的反对中看到了小说的巨大成功。1862年5月31日,雨果给奥古斯特·瓦克里的信中说:"……你我之间说说,不是靠读共和派的主要报纸,佩拉和于尔巴克除外,就能相信《悲惨世界》取得了成功。看到天主教、波拿巴派和反动派的报纸大发雷霆,倒可以猜到成功了。这些报纸用口水把我胜利地捧了起来。各家支持旧世界的报纸说:丑陋,无耻,卑鄙,可憎,可恶,可笑,恶心,畸形,乱来,可怕,等等。民主派和友好的报纸回答:'不,不,这不坏。'至于年轻的文学报刊,完全都值得赞美。"③

我们先看看雨果在敌方阵营里取得的成功。

天主教作家巴尔贝·多尔维利(Barbey d'Aurevil-

---

① Myriam Roman, Marie-Christine Bellosta: "Les Misérables, *roman pensif*", Paris, Belin, 1995, p.285.
② 莫洛亚:《雨果传》,第574页。
③ 马森主编:《编年版雨果全集》,第12卷,第1174页。

ly)于1862年4月19日,在《国家报》发表第一篇评论:"本书的企图,是要炸毁一切社会制度,一批又一批地炸毁,使用的力量比炸毁一座座大山的火药更强烈——使用的是眼泪和怜悯心。……《悲惨世界》不是一本好书,更有甚者,这是一个恶毒的行为。"①

路易·弗约(Louis Veuillot)1862年4月25日在《天主教世界评论》里说:"书里有许多可恶的思想,用的讨厌的风格。如果需要废除雨果先生所揭露的种种情况,如果他以为要摧毁的灾难真有道理的话,任务将是艰巨的!像此书这样的呼吁,像《悲惨世界》作者向群众发出的呼吁,非但无所帮助,只会加重苦难。"②

1862年4月29日,屈维利耶-弗勒里(Cuvillier-Fleury)在《辩论报》上撰文:

> 雨果先生没有写一篇社会主义论。我们凭经验知道,他做的一件事情要更加危险得多。③

1862年8月14日,《费加罗报》总编伊波利特·德·维尔梅桑(Hippolyte de Villemessant)表达自己的立场:

> 面对一本非要别人赞美的著作,我对普天下的崇拜说什么好?
>
> 这部著作比一本坏书更坏,这是可恶的行为;
>
> 书中牺牲一切,以求达到戏剧性的效果,以求向贱民献媚;

---

① *Les Misérables*, Préface et commentaires par Arnaud Laster, Pocket, 1992, pp. 332—335.
② Ibid., p. 343.
③ Ibid., p. 345.

书中看到有个神甫,有个主教,向一个弑王者下跪求祝福;

书中对一个国王,路易十八,直呼其名,是"肥猪";

书中恋爱的少男只是个自命不凡的傻小子,少女只是个庸俗的笨丫头;

书中唯一有意思的人是个苦役犯人;

书中唯一真实的人物是个密探,还有些夸张;

书中的情节部分,只是《巴黎的秘密》苍白的盗版;

书中就连显示天才的时候,也因缺乏分寸、缺乏情趣而兴味索然;

不能用细软的小鞭子,要用抽打的大皮鞭。①

1862年9月7日起,《费加罗报》开始连载长篇评论《真正的悲惨世界》:作者欧仁·德·米尔古(Eugène de Mirecourt)有意模仿《悲惨世界》的序言风格:"序言。只要有罪的恶意的作家还存在,民主和社会的影响正当文明盛世,人为地制造黑暗,用尽人类邪恶的花招,搅乱本是慈悲和神性的命运;只要18世纪被笔杆子让男人、女人和孩子的堕落在18世纪加重恶化的伤口还得不到愈合;只要流涎玷污现代社会的爬虫,蛊惑人心,还没有被砍下脑袋;只要在某些地区,用谎言窒息社会还有可能;换言之,更广而言之,只要地球上还有显而易见的骗术,还有狂妄的自负,还有荒诞的政治野心,那么,和本书同一性质的作品都不会是

---

① *Les Misérables*, Préface et commentaires par Arnaud Laster, p. 353.

无益的。……致维克多·雨果先生。我的序言照搬你的序言,就给你说明,先生,我把此书献给你的理由。……你们才是《真正的悲惨世界》,才是唯一值得怜悯的人,我给你证明。……你们系统地发挥恶性的本能;你们挑动穷人反对富人,为了给革命制造军火,你们是革命的使徒。"①

其实,论敌一方的反应并无什么悬念。而朋友一方的意见则值得玩味和推敲。

乔治·桑1862年5月6日给雨果的信:"我呢,有时喊起来,我反对基督教多了一点。"②雨果1862年5月18日回信:"不要害怕看到我的基督徒色彩太浓。我相信基督,如同我相信苏格拉底,我相信上帝,甚于相信我自己。"③

波德莱尔1862年4月20日在《大街报》上撰文,以后收入《浪漫主义艺术》:"道德是作为目的直接进入《悲惨世界》的……这是一本爱心的书,就是说写来启发和激发具有爱心的情怀;这本书在质问、在摆出社会错综复杂的情况,性质可怕,令人鼻酸,在对读者的良心说道:'好啊?你作何感想?你有何结论?'。"又说:"《悲惨世界》所以是一本爱心的书,对一个溺爱自己、毫不在乎永恒的博爱原则的社会提出振聋发聩的警告;是对'悲惨世界'(受贫困煎熬的人和被贫困败坏的人)的一份辩护词,并由这个时代最雄辩的嘴宣

---

① *Les Misérables*, Préface et commentaires par Arnaud Laster, pp. 356—357.
② Ibid., p.347.
③ 马森主编:《编年版雨果全集》,第12卷,第1171页。

讲出来。"①可是，可是连波德莱尔也在撒谎，他在说假话，他1862年8月10日给母亲写信："这本书是令人厌恶的，是荒谬的。在这个问题上，我显示出我具有撒谎的艺术。"②唉，至少，波德莱尔反对艺术作品具有道德的取向。

　　福楼拜1862年7月给罗杰·代热内特夫人（Edma Roger des Genettes）的私人信件中写道："好啊！我们的神明降格了。《悲惨世界》叫我忍无可忍，不允许对书说坏话。样子像个探子。作者的立场是不可动摇的，不可攻击的。我，我这一生都在崇拜他，我现在'愤怒'了！我要发作了。我在这本书里没有看到真理，没有看到伟大。至于风格，我觉得有意要无礼和低下。这种做法是讨好民众。……哪儿有芳汀这样的妓女，哪儿有冉阿让这样的苦役犯，哪儿有ABC社的愚蠢宝贝这样的政治家？我们在他们的心灵深处，从没有看到他们在'受苦'。这是些木偶人，糖面人，从卞福汝主教说起。雨果出于社会主义的愤慨，诬蔑天主教会，如同他诬蔑贫困。……作为巴尔扎克和狄更斯的同时代人，不允许如此错误地描绘社会。……后世将不会原谅他，不会原谅此人，虽说天性不然，却非要做个思想家。"③

　　圣伯夫身后留下一则写于1862年的私人笔记：

　　　　《悲惨世界》是大热门。

---

　　① *Les Misérables*, Préface et commentaires par Arnaud Laster, pp. 338—341.
　　② Roman et Bellosta: «*Les Misérables, roman pensif*», Paris, Belin, 1995, p. 291.
　　③ Ibid., p. 293.

公众的趣味肯定是出了毛病。《悲惨世界》的成功猖獗一时,在继续施虐,超出我们所能害怕的范围。

有一些成功是瘟疫在流传。

维克多·雨果此人具有异乎寻常和畸形巨大的才能。

他的小说《悲惨世界》怎么说都可以,说它好,说它坏,说它荒唐,雨果已经消失和流亡15年了,现在表明他存在,表明他年富力强。仅此一点,就是极大的成功。

他具有最高水平的创造成就的才能。他创造的是假的,是荒唐的,他也会把假的和荒唐的做得有那么回事,让人人有目共睹。①

拉马丁在其《通俗文学教程》(*Cour familier de littérature*)里以五讲的大篇幅,写出《对一部杰作的考察,或天才的危险》(*Considérations sur un chef-d'oeuvre ou le danger du génie*)。拉马丁对《悲惨世界》的批判,代表了昔日的朋友因为政见分歧,已经和孤岛上的流亡者分道扬镳。文学史上朋友公然批朋友,拉马丁批《悲惨世界》是罕见的例子。

1862年6月,雨果从巴黎收到拉马丁客气而严肃的来信:"谢谢惠寄《悲惨世界》给最不幸的活人。"表示有意评述新书,但要求雨果正式表态,同意"我的一套悉交拉马丁评述。……附言:回信不必客套。我不会写得很愉快的。只想着你自己好了。"②雨果知道来

---

① 马森主编:《编年版雨果全集》,第12卷,第1623页。
② 同上书,第1180页。

者不善,用心推敲,用了一点外交辞令,6月24日回信:"亲爱的拉马丁,很久以前,在1820年,我作为年轻诗人的第一声牙牙学语,曾是对你光彩熠熠升起在世界上的黎明,表示兴奋的欢呼。这一页在我的作品中,我爱这一页;这一页和其他的文字都是颂扬你的。今天,你以为轮到你来谈我了,我引以为自傲。你我相爱40年了,你我都还在世;我相信你不会败坏这过去,也不会败坏这未来。所以,对我的书,你有什么说什么。从你的笔下,只会出现光明。"①拉马丁笔下的"光明"可热得烫手。

拉马丁在《通俗文学教程》里,从第83讲批判《悲惨世界》开始,批到第87讲结束,时间从1862年11月至1863年3月止。拉马丁的结论是:"总而言之,《悲惨世界》有卓绝的才华,有善良的意图,而是一本从两方面说非常危险的书:不仅因为它使幸福的人过于害怕,而是因为它使不幸的人期望过多。"②我们在《雨果评论汇编》里,对拉马丁的第83、84、85和87讲,有摘录可以参考。③ 雨果无可奈何,只好淡然处之,笑曰:"天鹅啮人之作"④。

有人既不是作家,也不是评论家,既不是朋友,也不是论敌,画家凡·高(Van Gogh)有一段感言:"我正在阅读维克多·雨果的《悲惨世界》。勃里翁(Brion)所作的插图很好,很合适。重读这本书是有益的,为的

---

① 马森主编:《编年版雨果全集》,第12卷,第1181页。
② Les Misérables, Préface et commentaires par Arnaud Laster, p. 372.
③ 程曾厚编选:《雨果评论汇编》,安徽文艺出版社1994年版,第6—24页。
④ 莫洛亚:《雨果传》,第575页。

是使某种感情和理想保持下去,尤其是对人的爱"①。1871年5月15日,少年诗人兰波(Rimbaud)致信友人:"雨果过于固执,在最后几部作品里有点名堂:《悲惨世界》是一首真正的诗。"②

后代人的评价

《悲惨世界》出版后,在市场取得迅速而持久的巨大成功。主要的读者是普通百姓。小说里的一些人物,家喻户晓。冉阿让、珂赛特、马吕斯和伽弗洛什成为不少法国人童年的朋友。小说成为新闻界热评的对象后,开始进入法国文学史。我们举出两种有代表性的文学史著作,作者都是名重一时的大学教授。朗松(G. Lanson)和蒂博代(A. Thibaudet)可以说是同时代人,朗松略早。

朗松的《法国文学史》在1894年出版,是很有影响的文学史名著。朗松对《悲惨世界》局部风格有保留,总体上接受并欣赏:"这部小说是个大千世界,大杂烩,里面充塞着借题发挥、节外生枝和沉思冥想。最伟大的美与最乏味的啰苏话在书中相映成趣。……他把各种各样的笔调、主题和体裁混杂在一起。有些部分是历史小说,如滑铁卢,1832年的巴黎,街垒,等等。从整体上看,这是一部哲理和象征的小说。首先,这是一首反省沉思的诗篇。其次,这是一首人道主义和民主主义的诗篇……这又是一部抒情的小说,其间表现

---

① 平野编译:《凡·高》,四川文艺出版社2002年版,第164页。
② 引自Roman et Bellosta: Les Misérables, *roman pensif*, Paris, Belin, 1995, p.300.

了这位沉思者的种种思想,这位诗人的种种激情,这样一个人的种种爱、憎、兴趣和感受。……最后,在《悲惨世界》中,甚至有好几章现实主义小说,人们可在其中看到,有对有产者或人民大众这些'阶层'的描绘,有对各种庸俗或是低贱的风情方面的描绘,还有对家庭生活或是街景的描绘。这些,无不具有生气勃勃的现实性。左拉先生的真正源泉应当是在《悲惨世界》中寻找,而不是在《包法利夫人》一书里发现。这部场面巨大,有些地方枯燥乏味、有些地方荒唐可笑的作品,写得却是很精彩的。雨果想揭示的道德观,赋予前面几卷一种非凡的伟大气魄。而且这一次,这位很不善于作心理分析的人竟然懂得掌握分寸,细致地刻画出一个在超越自我、逐渐变得高尚起来的人,刻画出他的各个阶段:奋发向上,意气消沉,焦虑不安和种种拼搏。这便是冉阿让,从他与主教相遇,到他自我牺牲不使一个无辜者成为牺牲品的整个过程。冉阿让是个理想化了的卓越人物,栩栩如生,真实可信。"①

蒂博代略晚,他的《1789年至今的法国文学史》于他逝世的1936年问世。这是一部遗著,主要根据笔记整理而成。蒂博代的文学史里没有展开对这部小说的分析:"《悲惨世界》的胜利是巨大的,即时的,仍在继续。诗人通过《悲惨世界》和群众保持联系,群众借助电影又热情地看到了诗人。雨果在小说里用独眼巨人的熔炉熔铸了巴黎小说、冒险小说、侦探小说、人道主义怜悯小说和英雄小说。"作者注意到小说的某些特点:人物是整件组成的人物,沙威就是警察,德纳第就

---

① 程曾厚编选:《雨果评论汇编》,第279—280页。

是恶人,马吕斯和珂赛特就是青春男女,而雨果是用此手法获得成功的唯一小说家。雨果一反写小说的常规,没有着力塑造女主人公,虽然雨果本人的感情生活异常丰富,而书中甚至没有真正动人的爱情。这是因为"英雄小说是雄赳赳的小说"①。

1902年,"国立印刷所版雨果全集"开始问世。主编之一居斯达夫·西蒙(Gustave Simon)说过:"极少有小说像《悲惨世界》那样,被人评论,讨论,赞美,欢呼,颂扬,攻击,诋毁。"②这话说得对,但更适合小说出版初期,或19世纪后半期。进入20世纪,对这部经典作品的评论热情有所淡化。专家学者通常不把《悲惨世界》列入严肃的学术研究的范畴。左派的知识分子依然为小说折服,主要着眼于作品的道德意义。

《悲惨世界》出版时,名不见经传的青年记者埃德蒙·富尼耶(Ed. Fournier)一眼看透:"这是19世纪的福音书。"这是一部"传道"的小说。③

20世纪50年代,历史学家吉伊曼著书撰文,在学术界推动雨果研究。1952年,法国纪念雨果诞辰150周年。作家、历史学家莫洛亚(A. Maurois)出版《雨果传》(*Olympio ou la vie de Victor Hugo*),成为传记文学的精品。莫洛亚说:"今天,时间已做出了判断。《悲惨世界》作为一部人类思想产生的伟大作品而为全世界所接受。冉阿让、米里哀主教、沙威、芳汀、德纳第

---

① A. Thibaudet: *Histoire de la littérature fraçaise de 1789 à nos jours*, Paris, Stock, pp. 252—253.
② *Les Misérables*, commentaires de N. Savy, notes de G. Rosa, le Livre de Poche, p. 553.
③ 巴雷尔:《雨果传》,第265页。

夫妇、马吕斯以及珂赛特……在为数不多的世界意义的小说人物群像中占有一席之地。"①"事实上,这是些与众不同的人,有的因其慈悲为怀或爱人之心高人一等,有的则因其冷酷或为人卑劣而低人一级。但在艺术中,这些怪人只要刻画成功,就有生命力。雨果喜欢过分,喜欢夸张,喜欢庞大。这些并不足以写出一部杰作来。可是他的过分之处又因感情的高尚和真实而被证明是合理的。雨果确实钦佩米里哀主教大人,他确实喜爱冉阿让。他憎恶、然而却又确实敬重沙威。作者有至情流露,视野又广阔巨大,这在小说中构成了美妙的结合。《悲惨世界》中的真实性很充分,足以保证一部小说所必需的可信性。不仅确有其事的内容不少,而且历史部分也依然是第一流的。维克多·雨果经历过第一帝国、王政复辟时期和1830年革命。他以现实主义的洞察力,观察过事件和人物的隐秘的动因。我们只要再读一下关于1817年的一章,或是关于1830年革命的'几页历史'。其间思想和文笔相得益彰。"②

1964年,吉伊曼为比鲁埃写的《小说家雨果》作序,序文说:"比鲁埃说起《悲惨世界》,说得明明白白:'自从《福音书》存在以来,福音的基本思想在书中说得非常饱满。'"③历史学家阿兰·德科(Alain Decaux)也是《雨果传》的作者。他父亲给他买了他称道不已的九大册插图版《悲惨世界》,他坦陈"我记得打开第

---

① 莫洛亚:《雨果传》,第576页。
② 同上书,第576—577页。
③ G. Piroué: *Victor Hugo romancier*, Denoël, p. IV.

一册时,我战栗一下,因为贪婪,也因为幸福。我14岁。我发现了雨果"①。时间应该是在1939年。

　　作家维尔高(Vercors)评述《悲惨世界》的文章,题目显豁:《雨果和良心》。作者最后说:"良心的先知,贫困的辩护人,暴力和不公正的示众刑柱,人类浩大历程的画家,词汇的大师,语言的贵族,这就是《悲惨世界》作者显示出来的样子。"②

　　50年代后成长起来的第一代雨果研究专家,以及比他们年轻的第二代研究专家,几乎每个人都为《悲惨世界》做出一点贡献,或是写过论文,或是参与校订、注释和出版新版。我们手头有1962年《欧罗巴》(Europe)杂志的"《悲惨世界》一百周年特刊",我们有于贝斯费尔德(Ubersfeld)和罗萨1985年合编的《阅读〈悲惨世界〉》论文集。但是我们没有斯特拉斯堡大学1962年出版的《〈悲惨世界〉一百周年》,没有1995年罗萨编辑的《雨果/〈悲惨世界〉》。《悲惨世界》是法国雨果研究长久不衰的课题之一。研究《悲惨世界》的专著开始出现。我们有法莱兹(Hubert de Phalèse)1994年出版的《〈悲惨世界〉词典》(Dictionnaire des Misérables),有罗曼(Myriam Roman)和贝洛斯塔(Marie-Christine Bellosta)1995年合著的《〈悲惨世界〉,沉思的小说》(Les Misérables, roman pensif)。

　　2002年,当时罗萨领导的大学校际雨果研究会向伽利玛出版社著名的"七星丛书"编委会提出建议,出

---

　　① Alain Decaux: *Victor Hugo*, Paris, Librairie Académique Perrin, p.9.

　　② *Les Misérables*, commentaires de N. Savy, notes de G. Rosa, le Livre de Poche, p. XIV.

版圣经纸的"七星丛书"《悲惨世界》一套三册,一册是小说,一册是研究文章,一册是插图。"七星丛书"没有接受,因为无此先例。

音乐剧《悲惨世界》

早在1962年《悲惨世界》出版一百周年时,《欧罗巴》月刊的二、三月合刊出"《悲惨世界》百周年"(Le Centenaire des *Misérables*)特刊。我们看到署名萨杜尔(Georges Sadoul)的专文《〈悲惨世界〉在银幕上》。萨杜尔认定:"似乎没有任何一个作家,比维克多·雨果更多地搬上银幕。在雨果全部作品中,《悲惨世界》是在四大洲不同国家改编最多的小说。"[1]时至1962年,他统计到小说先后有14次被改编成电影和电视剧。1907年,第一次在法国被改编成电影,拍摄冉阿让在米里哀主教家偷窃餐具的故事。法国共五次摄制电影,其中1958年法意合拍的彩色电影,由勒沙努阿(Le Chanois)执导,名演员加潘(Jean Gabin)主演冉阿让。1961年,法国播出电视片《珂赛特》。美国先后三次将之改编拍成影片。此外,苏联、埃及、意大利、印度和日本都拍摄过《悲惨世界》题材的影片。

拉斯泰(Arnaud Laster)教授是巴黎第三大学的教授,他是研究雨果戏剧和影视作品的专家。1992年出版评注版的《悲惨世界》袖珍本,书后有两则附录[2]:

---

[1] G. Sadoul, Les Misérables *au cinéma*, «Europe», Février-Mars 1962, pp.181—191.

[2] *Les Misérables*, Préface et commentaires par Arnaud Laster, pp. 421—429.

"电影和电视"：

拉斯泰统计到从1961年起，小说前后五次被改编成电视剧，其中法国三次，英国一次，日本一次，日本是1980年推出的动画片。

"舞台剧和音乐剧"：

小说《悲惨世界》一出版，雨果的儿子夏尔和弟子默里斯便着手把小说改编成舞台剧，但第二帝国的检查机关下令禁演。1863年1月3日，舞台剧首次在比利时布鲁塞尔演出。1870年10月14日，在法国波尔多演出。而一直等到1878年3月20日，才在巴黎圣马丁门剧院向公众演出。雨果亲自参加首场公演，雨果手记说"巨大成功"，并说："大家叫我夏尔的名字。剧本演得很好。有个可爱的小珂赛特。乔治和让娜也在场。"①

小说两度被改编成歌剧。第一次于1925年在纽约演出；第二次于1933年。近40年来，更是多次被搬上舞台，1957年，在巴黎法兰西剧院演出，在舞台上改编成20个场景。1980年9月，《悲惨世界》以"悲剧音乐剧"（Tragédie musicale）的样式在巴黎"体育宫"演出，著名导演奥塞纳（Robert Hossein）执导，让-米歇尔·勋伯格（Jean-Michel Schönberg）作曲，阿兰·鲍伯利（Alain Boublil）作词。我们看到，这正是今天风靡全球的音乐剧《悲惨世界》的雏形。1985年，伦敦皇家莎士比亚剧团重新上演，成为今天全世界观众熟悉的音乐剧《悲惨世界》，获得巨大成功，音乐剧在世界各国演出，1991年从伦敦返回巴黎。

雨果的长篇小说《悲惨世界》取得极大成功，成为

---

① *Les Misérables*, Préface et commentaires par Arnaud Laster, p. 422.

法国文学史、也是世界文学史上一件具有划时代意义的作品。小说从1862年问世以来,有许多评论,有许多译本,有许多研究,有许多次搬上银幕或屏幕,当然都很有意义。但是,小说《悲惨世界》引发的最为重要的事件,莫过于音乐剧《悲惨世界》的成功演出。雨果写成并出版《悲惨世界》是一个传奇。音乐剧《悲惨世界》也不无传奇色彩。

两个年轻的法国人,一个原籍突尼斯,一个是匈牙利移民,两人的专业是经济。1971年,两人在纽约观看音乐剧,受到启发,回国后决心移植,并创作某种具有史诗气魄的作品。

1980年9月,巴黎演出《悲惨世界》的"悲剧音乐剧"。两位主要作者阿兰·鲍伯利和让-米歇尔·勋伯格,都不是音乐科班出身。他们经过磨炼,最终于1980年演出这部"悲剧音乐剧"《悲惨世界》。当年,法国没有如同出版商拉克鲁瓦这样有眼光的音乐制作人。再说,音乐剧的式样在法国远不如在英国和美国普及。因此"悲剧音乐剧"《悲惨世界》不算失败,也称不上成功。演出16场后,匆匆收场。鲍伯利哀叹:"巴黎没有真正的演出制作人。""真正的演出制作人"在一水之隔的英国伦敦。

1981年,伦敦的音乐制作人卡麦隆·麦金托什(Cameron Mackintosh)在制作《猫》后不久,得到一张《悲惨世界》的法语版唱片。他听到《悲惨世界》激动人心的和富有感召力的音乐旋律,被音乐魅力征服了。他决心把这个剧搬上英语舞台,找来两位原作者商议,一拍即合,合作成功。终于,制作人找到好的题材和好的音乐,作曲家有了题材和经验,找到好的制作人。

1985年10月8日,音乐剧《悲惨世界》在皇家莎士比亚剧团的碉楼剧院(London's Barbican Theatre)开幕演出,同年12月搬到伦敦西区的宫殿剧院演出,从此一举成为畅销剧目。

1995年,伦敦皇家艾伯特剧院(Royal Albert Hall, London)举办"音乐剧《悲惨世界》十周年音乐会演出"(The Tenth Anniversary Concert),由皇家爱乐乐团乐队伴奏(The Royal Philharmonic Orchestra under the direction of David Charles Abell)。这是个盛大的日子,这是个盛大的节日。从1985年到1995年,这10年间,已有17个国家上演过音乐剧《悲惨世界》。

演出结束。舞台上走来17个男高音歌唱家,17个"冉阿让",代表17个国家,身后跟着17面国旗:

一　　英国

二　　法国

三　　德国

四　　日本

五　　匈牙利

六　　瑞典

七　　波兰

八　　荷兰

九　　加拿大

十　　奥地利

十一　澳大利亚

十二　挪威

十三　捷克

十四　丹麦

十五　爱尔兰

十六　冰岛
十七　美国

　　他们用各自的语言共同演唱雨果发出的消除人类贫困的呐喊。这是个激动的时刻。如果雨果泉下有知，如果他也在观众席里，他也会感动的。

　　2002年，雨果诞辰200周年。《悲惨世界》美国国家巡回团首次来上海演出。据说，这是原汁原味的百老汇版本。演员用英语演唱，同时打出中文字幕说明。《解放日报》载：该剧两位艺术总监约森·摩恩和肯·卡斯威尔介绍说，音乐剧有四大特点：大悲哀、大希望、大振奋、大博爱。6月22日，星期六，音乐剧在上海大剧院隆重演出。首场演出，贵宾票价3000元（含首演晚宴，精美节目册），最便宜的票价200元。《解放日报》6月23日称：800多位中外观众有幸欣赏了《悲惨世界》在中国首场长达三个小时的演出。

　　每场演出需要：36名演员、28名舞台工作人员、18名乐团人员、20名服装人员、超过1000件演出服装。演出道具需用8辆集装箱车厢，"街垒"重12250磅，音箱重700公斤。所以，现场效果堪比"重磅炸弹"。音乐剧在一切意义上说，从演出阵容到道具到门票都是豪华的演出。只有《悲惨世界》的剧名仍然谦虚，是个例外。

　　2008年1月28日，法国雨果之友学会的《简报》载：从雨果小说改编的同名音乐剧，已在38个国家，用21种语言上演，有5400万观众。英国广播公司二台有40万观众投票，占投票人数的40％，《悲惨世界》被选为"英国最受人欢迎的音乐剧"。迄今有31种录音版本,其中伦敦版数次荣获白金碟;美国百老汇版获"艾美奖"。音乐剧演出十周年伦敦皇家艾伯特剧院的演出唱片已经在全世界售出 100 多万张,成为英国销售最多的音乐剧唱片。如果说 2002 年,音乐剧在全世界的票房收入已经达到 18 亿美元,那到 2008 年,应该超过 20 亿美元了。

据说,当年歌剧《蝴蝶夫人》和《图兰朵》的作曲家,意大利人普契尼(1858—1924)有心改编雨果的《悲惨世界》,终因场面浩大、情节繁多而放弃。上海《文汇报》2002 年 6 月 30 日载,对于《悲惨世界》的成功,作曲家勋伯格一笑:"幸亏普契尼没写,谢天谢地。"

雨果的长篇小说《悲惨世界》,也许是可以从多方面加以讨论的题目。音乐剧毕竟以音乐为主,在音乐界可以深加研究。2008 年,和《悲惨世界》相关的最令人惊讶的事情,可能是巴黎雨果故居纪念馆的一则预告:2008 年 10 月,将举办专题展览:"《悲惨世界》,陌生的小说"(Les Misérables, roman inconnu)。策展人:"樊尚·吉尔(Vincent Gille)"。

我们对《悲惨世界》真是一无所知吗?

附录:雨果致米兰《悲惨世界》意大利文版的出版商达埃利(Daëlli)先生的信

你对我说:《悲惨世界》这本书是为各国人民写的,先生,你说得对。我不知道是否人人都会读此书,而我是为人人而写的。这本书面向英国,也面向西班牙,面向意大利,也面向法兰西,面向德国,也面向爱尔兰,既面向有奴隶的各共和国,也同样面向有农奴的各个帝国。社会问题超越国境线。人类的创伤,这些布满地球的巨大创伤,不会停止在地球仪上的蓝线或红线以内。凡是有人无知和绝望的地方,凡是妇女出卖自己换取面包的地方,凡是孩子因没有给他教育的书、因没有给他温暖的家而受苦的地方,《悲惨世界》这本书会来敲门,说:"开开门,我来找你的。"

在我们所处的文明仍然黯然无光的时刻,穷苦人的名字叫"人";穷苦人在世界各地奄奄一息,穷苦人用各种语言呻吟叹息。

你们意大利并不比法兰西更能免于病痛。你们可敬的意大利满脸都是贫穷。难道行凶抢劫这种极端赤贫的形式,不是在你们山区盛行吗?很少有国家像意大利那样,受到我努力探求过的修道院这一顽疾的侵蚀。你们空有罗马,米兰,那不勒斯,巴勒莫,都灵,佛罗伦萨,锡耶纳,比萨,曼托瓦,博洛尼亚,费拉拉,热那亚,威尼斯,一部英勇的历史,有崇高的废墟,有壮丽的古迹,有优美的城市,你们和我们相同,也是穷人。你们全身是奇迹,又满身是虱子。当然,意大利的阳光是灿烂的,可是,唉,天色的蔚蓝盖不住人身上的破衣烂衫。

你们和我们相同,也有偏见,也有迷信,也有暴政,也有狂热,也有盲目的法律协助无知的风俗。你们无法品尝现在和将来,而不掺杂一点过去的苦味。你们有一个蛮子,即僧侣,有一个野人,即游民。对于你们,如对于我们,有同样的社会问题。你们国内死于饥饿的人略为少些,而死于热病的人略为多些;你们的公共卫生未必比我们好很多;英国的黑暗是新教,你们的黑暗是天主教;而叫法不同,vescovo 和 bishop(主教)

是等同的,这些永远都是黑夜,而且性质大体相同。错误地解释圣经,或是错误地理解福音,半斤,八两。

要不要强调?要不要更加全面地见证这种令人悲痛的对称情况?难道你们没有穷苦人吗?请往下看。难道你们没有寄生虫吗?请往上看。这架丑恶的天平,有赤贫和寄生两个盘子,令人如此痛苦地保持平衡,如同在我们面前,天平不在你们面前晃动吗?

你们学校教师的队伍在哪里,这是文明唯一认可的队伍?你们强迫义务教育的学校在哪里?在但丁和米开朗琪罗的祖国,每个人都认字吗?你们把兵营用作了会堂吗?难道你们不是和我们一样,战争的预算十分丰厚,教育的预算少得可怜吗?你们,你们不也有盲从的军队,轻而易举地沦为兵痞吗?你们就没有军阀,甚至下达军令向加里波第开火,向意大利活生生的荣誉开火吗?让我们对你们的社会秩序作检查,有此情况,如此情况,我们就做检查,让我们看看社会在现场犯罪,请把妇女和儿童指给我看看。文明的程度,是以对这两个弱者提供多少保护来衡量的。卖淫在那不勒斯就没有在巴黎那么令人心酸吗?你们的法律里出得了多少真理?你们的法庭上出得了多少公正?你们会侥幸地不知道这些伤心词汇的词义吗:社会的制裁,合法的卑鄙,苦役犯监狱,绞刑架,刽子手,死刑?意大利人,你们国内如同我们国内,贝卡利亚已死去,而法里纳奇却活着。① 再来看看你们的国家理由。你们

---

① 贝卡利亚(Beccaria, 1738—1794),意大利法学家,主张司法改革,民法量刑从轻;法里纳奇(Farinace, 1544—1618),意大利刑法学家,著有《刑法实践和理论》。

有没有一个可以包含道德和政治同一性的政府？你们正在赦免英雄！法国正在做的事情也差不多。得了，看看贫困的情况吧，每个人拿出自己的一堆，你们和我们一般地富有。你们如同我们，不是有两宗罪罚入地狱，由神甫宣判宗教的罚入地狱，和由法官颁布社会的罚入地狱？伟大的意大利人民啊，你像伟大的法兰西人民。唉！我们的兄弟啊，你们和我们一样，有一个"悲惨世界"。

从我们和你们所处的黑暗深处，你们不会比我们更为清晰地看到远处伊甸园光辉的大门。只有神甫们看错了。这些神圣的大门，不在我们的身后，而在我们的前方。

我简单地说。《悲惨世界》这本书，是我们的镜子，未必不是你们的镜子。某些人，某些特权阶层，群起而反对这本书，这我明白。这些镜子，说出了真理，遭到了憎恨；这并不影响镜子是有用的。

至于我，我带着对我的国家深沉的爱，为大家写书，关心法国，同样关心别的国家人民。随着我年岁增长，我简化了，我越来越成为全人类的爱国者了。

其实，这是我们时代的大势所趋，是法国大革命发扬光大的法则；为了应对文明日益增长的扩大，书本应该不再仅仅是法国书，意大利书，德国书，西班牙书，英国书，应该成为欧洲书；我更要说，成为人类的书。

由此而来的，是艺术和某些改变一切、甚至改变条件的新的创作逻辑，这些从前在趣味上和语言上狭隘的条件，应该和其他一切加以扩大。

法国有某些评论家，责备我脱离他们所谓的法国趣味，使我大为高兴；我真希望这样的赞美是名副其实的。

总之,我尽力所为,我为天下的痛苦而痛苦,我努力减轻天下的痛苦,我只有个人微不足道的力量,我对大家喊:帮帮我吧!

先生,这就是你的来信引发我向你要说的话;我这话说给你听,也说给你的国家听。如果我极力强调,是因为你的信中有一句话。你对我写道:"有些意大利人,有很多,说《悲惨世界》这本书,是一本法国书。这跟我们无关。说法国人读这本书,如读一本历史,我们读这本书,如读一本小说。"——唉!我再说一遍,是意大利人,或是法国人,贫困和我们人人相关。自从历史在写作,自从哲学在沉思,贫困是人类穿的衣服;这时刻也许终于来临:扯下"人即人民"赤裸的手脚外面的破衣烂衫,给过去凄凄惨惨的破烂衣服换上霞光万丈的紫红大袍。

如果你看这封信可以澄清某些人的想法,可以消除某些偏见,先生,你可予以出版。请再一次接受我崇高的敬意。

维克多·雨果
1862 年 10 月 18 日于高城居①

此信曾作为附录收入埃采尔-康坦版的《悲惨世界》(Edition Hetzel-Quantin des *Misérables*),在雨果生前出版。

---

① 马森主编:《编年版雨果全集》,第 12 卷,第 1195—1197 页。

第九讲

雨果的戏剧

"**戏**剧,这是一件浩大和巨大的事情,这是人民。这是人类,这是生活。一出剧,是一个人。青铜面具下,是有血有肉的面孔。还有深沉的无限。我透过面具的小孔,看到的不仅是眼睛,我还看到了星星。"①这是剧作家雨果对戏剧的思考。雨果在创作《莎士比亚论》的日子里写下这一则笔记,没有收入《莎士比亚论》。

雨果是法国19世纪重要的剧作家,对法国戏剧史做出了很大贡献。

雨果还是14岁的孩子时,为了讨母亲喜欢,创作五幕诗体悲剧《伊尔塔梅娜》,有1508行诗句。好大

---

① 塞巴谢主编:《雨果全集》,"海洋卷",第196页。

的抱负,好苦的创作。1882 年,雨果 80 岁,发表诗剧《笃尔凯玛达》。雨果生前出版 11 部剧作,分别是《克伦威尔》、《艾米·罗布萨特》、《玛丽蓉·德·洛尔墨》、《埃尔那尼》、《国王寻欢作乐》、《吕克蕾丝·博尔日亚》、《玛丽·都铎》、《安日洛》、《吕伊·布拉斯》、《城堡卫戍官》、《笃尔凯玛达》。除《克伦威尔》和《笃尔凯玛达》外,其余 9 部在巴黎各大剧院公演。此外,1836 年演出的歌剧《爱斯梅拉达姑娘》,由雨果据《巴黎圣母院》改编而成。1881 年出版的诗集《精神四风集》中有"戏剧卷",在"加卢斯的两个宝贝"的标题下,收两篇短剧:四场诗体喜剧《玛尔加丽达》和两幕诗体正剧《埃斯卡》。

我们看到,19 世纪 30 年代,雨果上演 7 部剧本。雨果步入中年,这是他精力旺盛的创作年代。雨果身为浪漫主义运动的领军人,首先是一个剧作家的形象。1843 年,诗剧《城堡卫戍官》在嘘声中落幕,以失败告终。舞台跟着观众,一度又成为古典派的阵地。雨果一气之下,告别舞台。

巴雷尔的《雨果传》说:"作者曾想摆脱舞台的局限,摆脱戏剧生活的狗苟蝇营。他从来不为幕后的阴谋和观众的反应所左右。'促使我不再写剧本的动机之一,'他 1846 年 12 月 6 日为自己写道,'是这样:我认为当时人们的愚蠢毫无意义,我很讨厌。'"①

雨果心中对戏剧就没有一点眷恋吗? 不然。戏剧早早就吸引了雨果的童心。戏剧是 19 世纪主要的文学式样之一,是文学直接和民众打成一片的体裁。戏

---

① 巴雷尔:《雨果传》,第 154 页。

剧舞台是雨果最初投身文学、在文坛大显身手的用武之地。流亡生活后期,雨果悄悄然又拿起剧作家的笔,现在,没有演出的诱惑,也没有出版的牵挂,只为创作的乐趣创作。他陆续写成多部短剧,有喜剧,有正剧,有诗体,有散文,有的构思奇特,有的非常写实,既然信手写来,自由自在,统称《自由戏剧集》。

《自由戏剧集》于雨果逝世后第二年出版。从创作的时间来看,《笃尔凯玛达》和《加卢斯的两个宝贝》属于《自由戏剧集》的范围之内。揭露宗教狂热的《笃尔凯玛达》具有特殊的重要意义,篇幅和中年演出的剧本相等,提前单独出版。《加卢斯的两个宝贝》是两篇短剧,收入《精神四风集》,也在生前出版。我们看到,2002年伽利玛出版社出版的由拉斯泰编注的《自由戏剧集》,在完整的意义上,包括全部9部作品。

《克伦威尔》和《〈克伦威尔〉序》

1826年,雨果准备写一部大型诗剧。吸引他的是一个性格复杂的历史人物:英国历史上被称为"护国公"的政治家克伦威尔。他花费大量时间,查阅文献,进入他需要的历史氛围,写成一部五幕正剧,长6729行,超出常规四倍左右。作者在序言里感叹:"本剧目前的规模不可能纳入舞台的框架。此剧太长。"但他深信:"此剧的各部分都是为舞台创作的。"1827年12月,"太长"的《克伦威尔》出版。

全剧五幕:"反贼"、"奸细"、"弄臣"、"岗哨"、"工匠"。如果对诗剧进行分析,巴雷尔认为:"剧情很好地分布在五幕的剧里,结构很有推敲而且平衡,甚至连

标题都是对称的。"①诗剧中"有不少经过认真推敲的好诗,铿锵有力,如开篇的四行诗,语气又一本正经,又亲切自然":

> 明天,1657年6月又25日,
> 某个布罗希尔勋爵当年的近侍,
> 清早在三鹤酒家等候爵爷的光临,
> 在两条街的拐角,在酒市场的附近。②

莫洛亚的《雨果传》里,对《克伦威尔》第四幕第一场里的一曲"弄臣之歌",评价是"令人神往"③:

> 当日色已经偏西,
> 你出外碰碰运气,
> 　　随便走走。
> 当心可不要失足,
> 到晚上大地处处
> 　　黑不溜秋。
>
> 欺骗成性的海洋,
> 使雾气纷纷扬扬,
> 　　笼住沙丘。
> 你看,远方的天边,
> 可没有一点人烟!
> 　　一点没有。
>
> 窃贼们紧紧跟你。
> 这种事情在夜里

---

① 巴雷尔:《雨果传》,第56页。
② 同上。
③ 莫洛亚:《雨果传》,第171页。

  由来已久。
林中的那些美人
有时候会对我们
  心中记仇。

她们在到处闲逛。
其中谁和你相撞,
  你就担忧。
小妖精都爱淘气,
月光下就要一起
跳舞消愁。①

  这部《雨果传》还说:"雨果已经显示出具有个性的才干,善于摹写人群的动态和语言,以及充满豪情的台词,具有史诗的灵气。"②

  《克伦威尔》需要等到1956年,才第一次经过删节后演出。

  《克伦威尔》的出版,是法国文学史上轰动一时的大事件。原因是诗剧有一篇"序"。《〈克伦威尔〉序》盖过了《克伦威尔》。这在文学史上是绝无仅有的事情。剧本没有上演,但作者比成功上演一部剧本后更加名声大振。此时,剧作者25岁。

《埃尔那尼》

  法国是古典主义的大本营。19世纪初,文坛涌动新的思潮,但舞台岿然不动。以雨果为首的新生力量

---

① 塞巴谢主编:《雨果全集》,"戏剧卷",第1卷,第237页。
② 巴雷尔:《雨果传》,第57页。

发起攻击,第一炮打响的却是一篇序文,不是上演的剧本。雨果1829年6月写成《玛丽蓉·德·洛尔墨》,7月收到复辟王朝检查机关的禁演令。雨果并不气馁,8月开始写《埃尔那尼》。10月,法兰西剧院通过《埃尔那尼》。一切由审查机关定夺。10月23日,审查报告出炉:"结构怪诞",但"纵然谬误百出,我们的意见是:不仅本剧准予上演,没有任何不便,而且明智之举是无须删除一个字。让公众看看思想上超脱一切规范、不顾一切规矩时,会误入何等的歧途,也是件好事"①。原来,由四个平庸剧作者签署的审查报告,是把《埃尔那尼》作为反面教材提供给观众看笑话的。

　　四个月后,雨果的第一部剧本在国家剧院法兰西剧院正式公演。

　　这是只有作者和演员、却没有导演的时代。雨果事必躬亲,需要和习惯演古典剧、甚至拿架子的大牌演员打交道。让演员接受新的剧本、新的思想和新的诗句,雨果花费不少磨合的工夫。文学史家认为,过分强调女主角马尔斯小姐(Mlle Mars)的抵制和作难,不无夸大之处。历来认为,文学史上有"《埃尔那尼》战役"的提法,富于传奇色彩。《雨果夫人见证录》对《埃尔那尼》一章有轻松幽默、又津津乐道的介绍。人人都想见证这一番决定新旧命运的决斗:结果是一票难求。1830年1月12日邦雅曼·贡斯当(Benjamin Constant)来信求票;2月13日,梯也尔(A. Thiers)来信求票;连梅里美也为一代贵妇人雷卡米耶夫人(Mme

---

① *Voir des étoiles*, Maison de Victor Hugo, Paris musées/Actes Sud, 2002, p.38.

Récamier)求票。①

1830年的2月25日,《埃尔那尼》首演。这决定雨果剧本成败的日子,成了决定法国古典派和浪漫派生死的日子。审查机关事先对外泄露剧本内容,旧派文人和保守的新闻界早已动员起来,严阵以待;雨果带领年轻一辈的作家、艺术家,如戴奥菲尔·戈蒂耶(Théophie Gautier)和热拉尔·德·内瓦尔(Gérard de Nerval),也摩拳擦掌,双方摆开决一死战的架势。当年惯例,剧院通常雇用所谓"鼓掌班",为演出助阵。雨果先是导演,后又指派朋友和信徒事先潜入剧场,分兵把守,迎战晚上专来挑剔的老古董。年方19岁的戈蒂耶身穿鲜艳的"红背心"(gilet rouge),招摇过市,有意刺激因循守旧的迂腐老人。

《埃尔那尼》的故事发生在童年雨果熟悉的西班牙,全剧五幕,分别为:"国王"、"强盗"、"老人"、"坟墓"和"婚礼"。作者的手稿上有"三男追一女"的副题。一个贵族老头吕伊·戈梅兹,一个国王堂·卡洛斯,一个以强盗身份出现的叛逆王子埃尔那尼,三人同时爱上堂娜·莎尔。老人帮助强盗逃脱国王的追捕,埃尔那尼允诺老人可以支配他的生死,以示报答。埃尔那尼的阴谋败露,恰逢堂·卡洛斯受封日耳曼皇帝。皇帝退出角逐,归还埃尔那尼的贵族封号,并把堂娜·莎尔许配给他。此时,被冷落一边的老人出现,吹响阴森的号角,埃尔那尼有约在先,服毒自尽。复仇的老人,眼见一对恋人相拥死去,也倒地死亡。

---

① *Victor Hugo raconté par un témoin de sa vie*, Paris, Nelson, tome II, p. 328.

《埃尔那尼》在暴风雨般的掌声中落下帷幕。新派凯旋得胜。观众把此剧视做一份争取自由的辩护词。文学史把 1830 年雨果《埃尔那尼》的胜利比做 1636 年高乃依《熙德》的成功。前者是浪漫主义的胜利,后者是古典主义的成功。需要两个世纪,雨果的《埃尔那尼》才把苟延残喘多年的新古典派赶下舞台。演出第二天清晨,雨果一觉醒来,收到老前辈夏多勃里昂的短信:"先生,我看了《埃尔那尼》的首场演出。我对你的钦佩之情,你是知道的。我希冀借你的诗琴留名于世,你明白其中道理。我将去矣,而先生,你今方来。祈望你的诗神勿忘老朽。盛名虔诚,应该为故人祈祷。夏多勃里昂,1830 年 2 月 29 日。"①这一天,离开 1816 年雨果发下宏愿"我要成为夏多勃里昂,除此别无他志"的时间,仅仅 15 年。

第二天晚上,演出继续,斗争愈加激烈,双方寸土必争,字字句句,都要较量一番。后世的文学史家平心而论:"再说,雨果应用《〈克伦威尔〉序》正面的原则,也并没有很到位。真实性有疏忽之处,重建历史的史实也浮在面上,不同语气的并用,也仅仅只有几段;作品的浪漫主义尤其得力于贯穿全剧的强劲有力的灵感。"戈蒂耶说:"每时每刻,一句好诗,是雄鹰的翅膀奋力一击,把你高举到抒情诗的凌空绝顶。"②

下面是埃尔那尼脍炙人口的一段独白:

---

① *Victor Hugo raconté par un témoin de sa vie*, Paris, Nelson, tome II, p. 341.

② Castex et Surer, *Manuel des études littéraires françaises*, *XIXe siècle*, Hachette, p. 69.

埃尔那尼

　　　　加里西亚!中原!阿拉贡群山!
啊!不论谁碰到我,谁都不会有平安!
我为了权利,取走你们优秀的儿郎;
他们无悔地为我战斗,如今都死亡!
这些英勇的西班牙最英勇的好汉。
他们都已经牺牲,人人倒卧在苍山,
勇士都仰面朝天,人人都面对上帝,
他们如张开眼睛,会看到蓝天凝碧!
不论谁和我结合,都是这样的下场!
难道这样的命运值得你嫉妒难当?
堂娜·莎尔,去找公爵,找国王,找地狱!
都好。只要不找我,都会是好的结局!
我再也没有一个会记得我的知己,
人人都在离开我;马上也会轮到你,
因为我孑然一身。不要受我的感染。
你可不要把爱情当成是宗教一般!
啊!要怜悯你自己,逃吧!……也许,你以为
我这个人和别人相同,是聪明之辈,
会径直奔赴自己憧憬的目标方向。
你快醒悟吧。我是一股前进的力量!
我是神秘的死亡又聋又哑的伙计!
我是不幸的灵魂,里里外外是黑气!
我去何方?不知道。但有糊涂的天命,
强劲的气息,使我感到推着我前行。
我往下走,往下走,我总停不下脚步。
如果我有时胆战心惊地转过头颅,

有个声音对我说:走哇! 而深渊深深,
看到谷底一片红,是火是血难区分!
同时,在我狂乱的东奔西走的周围,
一切在坍塌,死去,谁碰我,谁会倒霉!
啊! 你快逃吧! 从我命定的路上走开!
唉! 否则我会身不由己地给你伤害!

      《埃尔那尼》,第三幕,第四场。①

  虽然新闻界总体上持对立态度,但客观的结果,是剧院财源滚滚,作者财源滚滚。巴雷尔指出:"现代的观众,近时还能看到这样的情况,对于激烈的语调、长篇的议论和情节的失真,会做出和1830年古典派一样的反应。演员们如果能有巧妙的投入,今天也许对这部光彩夺目、热情澎湃、多姿多彩和充满活力的作品是有好处的,会打动内心不老的观众。带着淳朴的感情进入剧情,才会享受到其中的乐趣。"②文学作品的成败,尤其是舞台演出的成败,和特定的时代和背景是紧紧联系的。

  戈蒂耶体现了"红背心"的神话。我们在拉斯泰教授的《强光瞄准雨果》里,读到他事后不无陶醉地说:"我们的诗篇,我们的作品,我们的文章,我们的游记,今后会被人遗忘;但人们会记住我们的红背心,即使所有和我们相关的一切在漫漫长夜里早已熄灭,这一点火光仍然会闪亮。"③

---

① 塞巴谢主编:《雨果全集》,"戏剧卷",第1卷,第600页。
② 巴雷尔:《雨果传》,第83页。
③ A. Laster, *Pleins feux sur Victor Hugo*, Comédie-française, 1981, p.258.

《吕伊·布拉斯》

《埃尔那尼》之后，雨果上演了《玛丽蓉·德·洛尔墨》、《国王寻欢作乐》、《吕克蕾丝·博尔日亚》、《玛丽·都铎》和《安日洛》。前两部是诗剧，后三部是散文剧。

安娜·于贝斯费尔特（Anne Ubersfeld）是雨果戏剧专家，她在《维克多·雨果的戏剧》中，称《克伦威尔》是"一线曙光"，称《埃尔那尼》是"一场战役"，而称《吕伊·布拉斯》是"大功告成"①。

文艺复兴剧院（le théatre de la Renaissance）开张。雨果提供新作《吕伊·布拉斯》，供剧院新张之喜演出。此剧酝酿已久，1838年7月8日动笔，8月11日完稿，11月8日首演成功。

《吕伊·布拉斯》是五幕诗剧，剧情也发生在西班牙。

第一幕：堂·萨吕斯特在王后面前失宠，决心密谋报复。表弟堂·凯撒是破产贵族，但态度明朗，决不参与阴谋。堂·萨吕斯特命令仆人吕伊·布拉斯冒充堂·凯撒向王后献媚。

第二幕：王后身居深宫，遭国王遗弃，感情上深感寂寞，对有人给她花园送信送花感到好奇。

第三幕：平民出身的吕伊·布拉斯以堂·凯撒的名义，在王后的推荐下，出任首相。他清正廉洁，愤然揭露贵族盗窃国库的罪行，决心拯救国家；他爱上王

---

① *Voir des étoiles*, Maison de Victor Hugo, Paris musées/Actes Sud, 2002, pp. 37, 38, 54.

后,希望安慰王后。王后向他吐露爱情。堂·萨吕斯特出来提醒首相的仆人身份。

第四幕:真正的堂·凯撒误入堂·萨吕斯特布置好引诱王后前来的秘密宅第,闹出很多令人捧腹的笑话。堂·萨吕斯特出现,命令拿下堂·凯撒。

第五幕:王后落入圈套,独自面对假堂·凯撒。堂·萨吕斯特出场,指明吕伊·布拉斯的真实身份,逼王后签署退位诏书。吕伊·布拉斯忍无可忍,愤而杀死作恶多端的堂·萨吕斯特,然后自刎,在王后怀里死去。

《吕伊·布拉斯》是一出爱情悲剧,融入高雅和滑稽两种语调。全剧有新的灵感:一是人民的分量增强了。剧本序言:"……人们看到在暗中有伟大的、模糊的、不认识的东西在动。这是人民,是会有明天、却没有今天的人民。人民,无依无靠,贫穷,聪明,有力,所处的地位很低,而向往很高……"①"人民,这应该是吕伊·布拉斯。"②二是女性的故事成分增加了,"一个女人,一位王后……出于王家的垂恩,也出于女人的本能,关注在她之下的人,在代表人民的吕伊·布拉斯向上望的时候向下看"③。《吕伊·布拉斯》写王朝覆灭前夕贵族分崩离析的状态,借吕伊·布拉斯指出人民蕴藏的巨大潜力。全剧具有某种超前的历史意义,对七月王朝十年后的垮台起到预言的作用。

巴雷尔对诗句的评价是:"语言,尤其是诗句,非

---

① 塞巴谢主编:《雨果全集》,"戏剧卷",第2卷,第6页。
② 同上。
③ 同上。

常杰出。雨果在《吕伊·布拉斯》中达到了他得心应手的戏剧风格。语言雄辩而有分寸,有时具有古典派的清纯……集中了流亡前雨果诗歌的一切色彩。第三幕的精彩道白具有英雄气概,使本剧提高到史诗的笔调:西班牙人民伟大,它四肢强劲发达,/默默无闻地入睡,被你踩在了脚下……"①莫洛亚的评语更高:"豪放的诗句像伟大时代古典作家们的诗句那样音调铿锵。韵脚丰富而响亮,使有些滔滔不绝的段落听来抑扬顿挫……是诗和历史的不朽杰作。"②

我们记得,1839 年,诗人雨果宣扬"诗人的职责"。《吕伊·布拉斯》同样是宣扬"艺术为进步"理念的剧作。雨果早在 1833 年 2 月 12 日说过:"不应该让群众走出剧院时,没有带走一点严肃深刻的道德教训。"③

评论界一如往常,总体上是大肆攻击。《法兰西邮报》挖苦道:"强盗、娼妓和驼背之后,现在来了仆人。"④剧评家莫耐(Monnay)对这个仆人愤愤然:"混蛋懦夫不去死,倒接受无耻行径,连自己都养不活,却摇身一变成大人物,是拯救人民和王朝的大臣。"⑤12 月 15 日,没有观看演出的巴尔扎克给女友韩斯卡夫人写信:"《吕伊·布拉斯》是巨大的蠢事,是诗体的耻辱。"⑥

《吕伊·布拉斯》和雨果的个人生活不无联系。

---

① 巴雷尔:《雨果传》,第 138 页。
② 莫洛亚:《雨果传》,第 351 页。
③ 塞巴谢主编:《雨果全集》,"戏剧卷",第 1 卷,第 973 页。
④ *Voir des étoiles*, Maison de Victor Hugo, Paris musées/Actes Sud, p. 56.
⑤ *Voir des étoiles*, Maison de Victor Hugo, p. 56.
⑥ 巴雷尔:《雨果传》,第 139 页。

雨果一直为支持朱丽叶重返舞台、自力更生而努力,我们现在知道,情人朱丽叶没有登台,是夫人阿黛尔出了一个狠招,她8月19日给剧院经理写信:"我丈夫关心这位女子,帮忙让她进你的剧院,这再好不过;但要是这会影响一部出色作品的成功,那我是无法接受的。"①朱丽叶最后一次返回舞台的希望就此破灭。

《城堡卫戍官》

1838年,雨果携朱丽叶初次游览莱茵河。1839年和1840年,继续畅游这条法国和德国之间的大河。1841年,雨果把历次旅途中写给家人的长信编辑成书。1842年初,长篇游记《莱茵河》出版。连巴尔扎克也说:"一部杰作。"②

诗人的游记展示了对莱茵河两岸古堡的回忆,对古堡里从前主人命运的探寻。诗人的思考传达给了剧作家。《莱茵河》中提到过雨果头脑里浮现出古代一个个历史场景:"莱茵河两岸的古代城堡是封建时代安置在这条河上的巨大的界标,使景色充满了幻觉。古堡是远古时代无言的见证人,参与过变故,设置过场景,听闻过话语。它们立在那儿,像是永恒的后台,而这出悲惨的剧十个世纪以来一直在莱茵河上上演。"③一部史诗诞生了,不是一首诗,这是一部诗体的剧本。《城堡卫戍官》是《莱茵河》的姐妹篇。

史料过于丰富,情节过于复杂,人物过于众多,作

---

① 莫洛亚:《雨果传》,第352—353页。
② 巴雷尔:《雨果传》,第146页。
③ 同上书,第148页。

家数易其稿,力争把可以写成三部曲的素材,压缩在一个晚上的舞台演出范围以内。1842年9月10日至10月19日创作的《城堡卫戍官》包括三部分,祖孙四代,27个人物,1900行诗句。手稿的"补遗"里有被删的近千行诗句。

《城堡卫戍官》于1843年3月7日在法兰西剧院首演,不算成功,也不很失败。演出的前十场收入尚可,但每况愈下,33场后被迫撤下。这部雨果用心良苦创作的剧本,这部感动过作者本人的史诗,更不说雨果美丽的诗句,何以如此惨败呢?巴尔扎克难得正面赞美雨果的作品,他承认"诗句夺人",但讽刺说"这是提香在泥巴的墙上作画"①,意思是浪费体裁。《城堡卫戍官》的失败,可以有多方面的解释。30年代的年轻人是浪漫主义的信徒,他们确保了《埃尔那尼》的旗开得胜。这些立下过汗马功劳的年轻人如今已经脱离了浪漫主义信念。舞台上走来一个一个正襟危坐的老人。十年后,观众的趣味在变,从外省冒出一个写古典悲剧的新手蓬萨尔(Ponsard),轻轻松松让《城堡卫戍官》黯然失色。维尼3月10日来信鼓励:"亲爱的维克多,别管阴谋了。《城堡卫戍官》不会倒下的,这是一部不朽的作品。"②

雨果自己也百思不得其解。

后世多为雨果这部充满史诗气魄的剧作失败表示惋惜。巴雷尔说:"这部前瓦格纳的大家伙来得早了

---

① 巴雷尔:《雨果传》,第153页。
② *Voir des étoiles*, Maison de Victor Hugo, Paris musées/Actes Sud, p.58.

点,或者说晚了点。"①《城堡卫戍官》的错误是生不逢时。3月17日,巴黎上空出现一颗彗星,当年流传下一首讽刺小诗:

> 雨果死盯着蓝色的天幕,
> 低声嘀咕着并要求回答,
> 干吗星星尾巴又长又粗,
> 而《城堡卫戍官》没有尾巴?②

雨果不是为新闻界的恶意攻击生气,而是为观众的冷淡而泄气。20年后,1864年6月12日,雨果给出版商拉克鲁瓦写信说:"《威廉·退尔》之后,罗西尼沉默了,《城堡卫戍官》之后,我沉默了,《威廉·退尔》被喝倒彩,《城堡卫戍官》被嘘叫,这是作者微笑和沉默的原因之一。这般的缄默里有着自尊心。"③

今天看来,《城堡卫戍官》是雨果具有史诗规模和史诗深度的剧作。学者莫里斯·勒瓦扬叹曰:这是"浪漫主义戏剧的滑铁卢之役"④。

《自由戏剧集》

1886年,雨果逝世后一年,雨果的《自由戏剧集》作为遗著出版。《自由戏剧集》是个动听的书名,但长时间没有进入读者和观众的视野,在我国是个陌生的名字。

1854年1月16日,一个法国巡回剧团来到泽西

---

① 巴雷尔:《雨果传》,第153页。
② *Voir des étoiles*, Maison de Victor Hugo, Paris musées/Actes Sud, p.58.
③ 马森主编:《编年版雨果全集》,第12卷,第1274页。
④ 莫洛亚:《雨果传》,第390页。

岛,上演雨果的《吕伊·布拉斯》。雨果到场观看演出。演出到吕伊·布拉斯愤然诘问大臣时,法国流亡者热烈鼓掌。第二天,雨果在家里谈起当年文坛的争斗,女儿阿黛尔的《日记》里记下了雨果的话:"《吕伊·布拉斯》的演出,为我揭示了我身上我相信已经完全麻木了的一个方面。这次演出于我是个痛苦。写剧的愿望又攫住了我,而一想到我如今完全不能写剧,我很痛苦。波拿巴在,任何演出都不可能了。"①

雨果流亡在外,但身上剧作家的创作欲望并没有死去。我们相信,这是雨果在流亡期间,陆续写成《自由戏剧集》的动机和心态。既然事实上不能演出,为什么不能写《自由戏剧集》呢?所以,我们看到,每有大作品完稿,雨果会写点小东西:喜剧,诗体,轻松,似乎是一种调剂或休息。《静观集》后写《湿漉漉的森林》;《海上劳工》后写《老奶奶》;《笑面人》后写《也许是伽弗洛什的弟弟》;《九三年》后写《树林边》。

在帝国严密监控的巴黎舞台上,没有剧作家雨果的生存空间,作者当然从不指望此类小东西可以上演。他在一则笔记里说,可以在"这座每个人头脑里的理想舞台上才能上演"②。也好,没有演出的舞台,雨果为梦中的舞台创作。1868年,雨果给出版商写信:拟出版《自由戏剧集》系列:先来第一部,题为"弱者的力量"③。1870年,雨果手稿里有8部作品,4部喜剧,4部正剧:

---

① 塞巴谢主编:《雨果全集》,"戏剧卷",第2卷,"介绍"第1页。
② 巴雷尔:《雨果传》,第288页。
③ 同上书,第289页。

《老奶奶》，喜剧；

《求情》，喜剧；

《一千法郎赏金》，正剧；

《宝剑》，正剧；

《奥斯博的卡斯蒂利亚人威尔夫》，正剧；

《笃尔凯玛达》，正剧；

《他们会吃吗？》，喜剧；

《也许是伽弗洛什的弟弟》，喜剧，

《自由戏剧集》是雨果起的名字，书名是创新，内容是创新，风格轻松，情调超脱。我们知道，此时法国国内也在流行轻歌剧，艺术成了消遣。《自由戏剧集》的内容大多写于《笑面人》写作的1869年，诗句的篇幅可长可短，少的仅三四百行；不仅有诗剧，也有散文剧。有的空灵幻想，手法接近象征主义，有的贴近现实，风格接近自然主义。

《自由戏剧集》以完稿、草稿、未完成稿甚至断片的形式积少成多，始终没有最后成形。这决定了剧集不无混乱的起源，时而增加，收进新篇，时而减少，调出旧作。我们看到，雨果面对主要创作的同时，拿不定主意，没有集中精力，把所有的散篇整合成一部浑然有力的整体，或赋予理想的主题，突出人间的苦难；或展示缤纷的想象，显露人间的温情。

1881年，诗集《精神四风集》出版，"四风"之一是"戏剧"，雨果用上了《加卢斯的两个宝贝》，这两篇短剧有1700行诗句。1882年，俄国国内镇压犹太人，雨果想起1869年完稿的写西班牙宗教法庭的《笃尔凯玛达》，立即出版诗剧《笃尔凯玛达》，长2100行诗句。

至此,化整为零的意图初露端倪。

今天,有研究家不无道理地寻思:为什么雨果生前没有亲自编订他筹划已久的《自由戏剧集》呢?看来,这对作者也是无奈的事情。历史的车轮多变,雨果没有想到普法战争,没有想到巴黎公社,没有想到流亡19年后匆匆返回巴黎,没有想到自己出走比利时,没有想到为捍卫公社社员而声名扫地,没有想到为大赦贡献自己来日无多的余生。突如其来的历史事件,一件比一件紧迫,一件比一件揪心,老人没有时间,没有精力。

2002年,雨果戏剧专家拉斯泰教授编辑出版最新最完整的《自由戏剧集》,收入伽利玛出版社的"袖珍经典丛书":篇幅将近1000页。正文内容10部:

序幕
《湿漉漉的森林》
《老奶奶》
《一千法郎赏金》
《求情》
《他们会吃吗?》
《宝剑》
《加卢斯的两个宝贝》
《玛尔加丽达》
《埃斯卡》
《笃尔凯玛达》

附录四篇:《乞丐》、《加博努斯》、《树林边》和《有人爱》。

《老奶奶》一剧,以简洁的形式,代表了《自由戏剧集》完美的一面。主人公夏尔流亡在外,他是总督夫人的亲生儿子,失宠于有权有势的母亲,被冠以"哲学家"的雅号,被迫在外漂泊了10年之久。此外,他又和一个没有门第的年轻女子建立家庭,生养了三个孩子。大权在握的总督夫人性格开朗,专断而冲动,她生气时说:"在树林子里生了一堆堆的孩子。"但她在自尊心的掩护下,隐藏了一颗慈母的心。她一看到孙儿、孙女在草地上玩耍,心就软了:"来劲了,孩子们!"①剧中凸显出"弱者的力量"——孩子的力量。她原谅了儿子。这出轻快的喜剧,是新颖别致的作品,妙趣横生,俏皮话扑面而来。

雨果说起诗剧《宝剑》和对应的诗剧《奥斯博》:"如果我们仔细倾听的话,是一声叫喊:自由啊!"②

《自由戏剧集》的场景多变,是一大特色:有18世纪的德国,有英国的曼恩小岛,15世纪的西班牙,甚至克罗地亚达尔马提亚的深山。拉斯泰的新版《自由戏剧集》的最大特点,是把1934年出版的散文剧《一千法郎赏金》和作者150周年诞辰前和世人初次见面的散文剧《求情》收入。《一千法郎赏金》和《求情》是两篇现代题材的散文剧,都在雨果逝世后半个世纪左右方才出版,令人遗憾,也令人费解。1911年,"国立印刷所版雨果全集"的负责人,向雨果的后裔写信征求出版遗著的意见,雨果后裔持保留态度。最后,借助私交的情面,《求情》获准出版。

令人遗憾的是,一度以"对雨果的声誉无所帮助"

---

① 巴雷尔:《雨果传》,第292页。
② 同上书,第289页。

为由没有出版的《也许是伽弗洛什的弟弟》(这是雨果逝世时公证人收到的一部手稿)竟然遗失,从人间蒸发,再也没有下落。

《也许是伽弗洛什的弟弟》是喜剧,1868 年 9 月 21 日动笔,10 月 4 日完稿,写巴黎街头的流浪男孩,好挖苦人,又善于帮助人。

雨果戏剧的命运

戏剧的生命在舞台。雨果戏剧的生命也在舞台。雨果在《〈克伦威尔〉序》里提出正剧是现代人的史诗,应该糅合崇高和滑稽,反映人生的百态。浪漫主义戏剧的理论是雨果提出来的。19 世纪 30 年代,雨果身为浪漫主义作家,上演 7 部剧作,是浪漫主义戏剧的代表作家。《埃尔那尼》上演的成功,敲响了新古典派的丧钟;《吕伊·布拉斯》达到雨果戏剧创作的高峰。雨果的诗剧多于散文剧,虽然散文剧《吕克蕾丝·博尔日亚》感动了像乔治·桑这样的女作家,但他最成功的剧作是用诗句写成的诗剧。诗人雨果的诗句是剧作家雨果成功的一个因素。雨果的剧作每次上演,几乎都受到评论界的挑剔和指责,但观众的欢迎,票房的收入,都站在雨果一边。雨果革新了戏剧语言,保留亚历山大诗句,但对诗句的引用多有创新。雨果诗句的雄浑,抒情,是保证剧作成功的重要因素。

拉斯泰教授的《强光瞄准雨果》中,有一章"雨果和他的戏剧人物":莎士比亚留下 38 部剧作,创造了

750个人物,雨果写下25个剧本,创造了570个人物。① 我们也要看到:戏剧只是雨果文学创作的一部分,他的诗歌和小说有更多、更大的贡献。

雨果30年代的7部剧作,有4部在法兰西剧院首演,1830年的《埃尔那尼》,第一次借法兰西剧院的舞台和法国的观众见面。另外3部是1832年的《国王寻欢作乐》,1835年的《安日洛》和1843年的《城堡卫戍官》。雨果的戏剧之星在法兰西剧院升起,也在法兰西剧院陨落。雨果主要剧作在法兰西剧院的上演情况如下:

《吕伊·布拉斯》,1879年至1980年:1020场;

《埃尔那尼》,至1976年:979场;

《玛丽蓉·德·洛尔墨》,至1937年:243场;

《城堡卫戍官》,至1935年:124场。②

雨果身后,20世纪上半期,到1952年,雨果的戏剧处境萧条,有时被称之为"炼狱"。这是雨果戏剧的低潮。"自由戏剧"之一的《他们会吃吗?》1919年初次上演,居然招来意识形态层面的攻击,说剧中人物阿伊洛罗(Aïrolo)的独白是"布尔什维克的抒情",这在"十月革命"后的1919年,是一顶政治大帽子。③ 雨果戏剧被看做累赘,臃肿,冗长,所以剧评家一度转而器重缪塞具有淡淡哀愁的喜剧。

---

① A. Laster, *Pleins feux sur Victor Hugo*, Comédie-française, 1981, p.194.

② Ibid., p.284.

③ *Voir des étoiles*, Maison de Victor Hugo, Paris musées/Actes Sud, p.86.

雨果戏剧当年既缺乏有眼光的好导演,也不受著名导演的重视,20世纪上半期活跃的路易·茹韦(Louis Jouvet)对雨果持批评态度:"《吕伊·布拉斯》和《埃尔那尼》两剧里,没有我们时代需要的信息。也没有任何时代需要的信息,除了对浪漫主义观众,这些顾客由文学浪子组成,为门户之见和宗派精神激动,观众就是信徒。所以,维克多·雨果慢慢失去其观众,而缪塞仍然占有我们的剧院。缪塞的剧作,写来不问舞台效果,却能吸引我们,今天还能感动我们。"①

　　1952年,《欧罗巴》杂志出版"专刊",纪念雨果诞辰150周年,收有一篇文章《捍卫雨果的戏剧》。雨果的戏剧居然到了需要"捍卫"的地步,可见当年所处的岌岌可危的处境。真是这样吗?1952年,法兰西剧院纪念雨果诞辰150周年,上演《埃尔那尼》,但演出竟在一片讪笑声中收场。诗人阿拉贡(Louis Aragon)大为失望,愤愤然说:"一群自称是'全巴黎人'而巴黎并不认识的观众,一些傻瓜和傻瓜的太太,居然以'大家'自居,以放肆的笑声庆祝法兰西最伟大的诗人。"②

　　1952年,雨果戏剧开始走出"炼狱"。纪念的大气氛不是可有可无的。一是儒尔内、巴雷尔等一批学养深厚的雨果研究专家提供学术研究的基础,二是作家莫洛亚出版公允的《雨果传》,三是历史学家吉伊曼出版雨果的未刊作品和他独到的评论,四是诗人阿拉贡出版《现实主义诗人雨果》,等等。

---

① *Voir des étoiles*, Maison de Victor Hugo, Paris musées/Actes Sud, p. 87.

② Id.

1952年,公众重新找回了雨果。可以说,是专家和左派知识分子帮助公众找回了雨果。其中,阿拉贡功不可没。阿拉贡在1952年3月1日全国作家委员会上发言:"我们就是那些人,在本世纪40年代初,看到他站着在歌唱。大家是在祖国的不幸岁月里,感受到诗人巨大的呼吸……雨果,那时候是民族团结的凝聚力……对,雨果铸就了全国的统一。我对你们说,他仍然在铸就全国的统一。"①

新一代的导演让·维拉尔(Jean Vilar)读了阿拉贡的书深受启发。1953年,又是阿拉贡提议让·维拉尔考虑上演雨果的《吕伊·布拉斯》。据说,让·维拉尔听了,不无吃惊:"怎么,演雨果的剧本?不是认真的吧?"②

从导演茹韦藐视雨果戏剧,到导演让·维拉尔发现雨果戏剧,可以概括剧作家雨果在20世纪的命运。让·维拉尔发现:《吕克蕾丝·博尔日亚》的序言正好符合他领导的国立人民剧院(Théatre national populaire,简称TNP)的宗旨:"本剧作者深知:戏剧是一件伟大和严肃的事情。他知道剧作并不脱离艺术不偏不倚的范畴,有一项全民的使命,一项社会的使命,一项人类的使命。他看到如此聪明的人民……他对自己作品的哲学意义严肃地扪心自问……不应该让群众走出剧院时,没有带走一点严肃深刻的道德教训。"③1954年2月23日,让·维拉尔导演的《吕伊·布拉斯》成

---

① *Europe*, Numéro spécial, février-mars 1952, pp. 239—243.
② *Voir des étoiles*, Maison de Victor Hugo, p. 88.
③ 塞巴谢主编:《雨果全集》,"戏剧卷",第2卷,第1973页。

功上演,演员使用新的朗诵技巧,主演吕伊·布拉斯的演员钱拉·菲利浦(Gérard Philipe)很有才华。

接着,《玛丽·都铎》于 1955 年在阿维尼翁第九届戏剧节上演出,取得更加漂亮的成绩。让·维拉尔在 1955 年的《解放报》上撰文:"在我'人民剧院'的三角楣墙上,我真想写的不是'莫里哀万岁,或莎士比亚万岁',而是'雨果万岁'。我们的戏剧艺术没有这位出类拔萃的人,是活不下去的。"①

今天,雨果一生所写的全部剧作,已经先后搬上舞台,包括《克伦威尔》在内。1956 年 6 月 28 日,节本《克伦威尔》在卢浮宫的方形广场上演,演出两小时三十分钟②;1971 年 7 月,《克伦威尔》在小城圣法尔若(St-Fargeau)再一次演出,也是节本,时间是两小时四十五分钟。③

我们需要指出:雨果《自由戏剧集》里有两部现代题材的散文剧:《一千法郎赏金》和《求情》。《一千法郎赏金》的情况尤其引人注目:1934 年初次出版,1961 年初演,1969 年、1975 年、1985 年、1990 年和 1995 年不断重演。《一千法郎赏金》以其和《悲惨世界》相同的主题吸引新的导演尝试新的演出。《求情》1951 年出版,1964 年初演,1978 年和 1996 年再次上演。

时间进入 21 世纪。法兰西剧院 2001 年至 2002 年的演出季节里,上演《吕伊·布拉斯》,这是一次盛大的演出,布景取材自西班牙画家委拉斯开兹

---

① A. Laster, *Pleins feux sur Victor Hugo*, p. 285.
② Ibid., p. 299.
③ Ibid., p. 305.

(Vélasquez)的画作，是导演的大制作。今天，有的导演尝试以布莱希特(Brecht)的手法演雨果的剧作。可以说，雨果的戏剧作品将继续吸引和考验新的导演才能，雨果戏剧仍然具有舞台的生命力。

我国清末小说家、《孽海花》的作者曾朴(1872—1935)是最早倾力翻译雨果戏剧的人。他翻译过雨果的小说《九三年》和少量诗歌，但对雨果戏剧情有独钟。他在上海创办真美善书店，刊行过：

《欧那尼》(即《埃尔那尼》)，1927年11月真美善书店出版；

《吕克兰斯鲍夏》(即《吕克蕾丝·博尔日亚》)1927年11月真美善书店出版；

《吕伯兰》(即《吕伊·布拉斯》)，1927年11月真美善书店出版；

《项日乐》(即《安日洛》)，1930年真美善书店出版。①

曾朴曾有出版《嚣俄戏剧全集》的念头，甚至列出了书目：

嚣俄著克林威尔，即《克伦威尔》，

嚣俄著玛莉韵妲洛姆，即《玛丽蓉·德·洛尔墨》，

嚣俄著嬉王，即《国王寻欢作乐》，

嚣俄著马丽丢陶，即《玛丽·都铎》，

嚣俄著弸格拉佛，即《城堡卫戍官》，

嚣俄著自由戏剧，即《自由戏剧集》，

---

① 时萌：《曾朴研究》，上海古籍出版社1982年版，第70—71页。

嚣俄著双生子,即《孪生子》(雨果1839年创作的诗剧,未完成)。

如果曾朴能完全实现拟议中的翻译计划,真是一部不折不扣的《雨果戏剧全集》①。

2002年,巴黎的雨果故居纪念馆举办大型专题展览:"看星星"(Voir des étoiles),副题是"雨果戏剧的舞台演出":展期从4月12日—7月28日。法国从事雨果戏剧研究的专家参与准备,撰写专文,搜集了和雨果全部戏剧作品从创作到上演相关的资料。"看星星"是什么意思?这个题目引自雨果19世纪60年代的一则笔记,我们在"雨果的戏剧"这一讲开始时已经介绍过这则笔记:"戏剧,这是一件浩大和巨大的事情,这是人民。这是人类,这是生活。一出剧,是一个人。青铜面具下,是有血有肉的面孔。还有深沉的无限。我透过面具的小孔,看到的不仅是眼睛,我还看到了星星。"②

---

① 时萌:《曾朴研究》,第64页。
② 塞巴谢主编:《雨果全集》,"海洋卷",第196页。

第十讲

评价雨果和研究雨果

程曾厚讲
雨果
Hugo

评价的是是非非

1885 年后,按照雨果对遗嘱执行人的嘱咐,雨果的作品依然滚滚而来。1886 年,有《撒旦的结局》,有《自由戏剧集》;1887 年,有《见闻录》;1888 年,有《全琴集》;1889 年,有剧本《孪生子》;1890 年,有游记《阿尔卑斯山和比利牛斯山》;1891 年,有《上帝集》;1892 年,有游记《法兰西和比利时》;1893 年,有《全琴集》(第 2 卷);1895 年,有政论作品《巴黎》;1896 年,有《书信集》(第 1 卷);1898 年,有《哀年集》,有《书信集》(第 2 卷);1899 年,有《见闻录》(第 2 卷);1900 年,有《写给未婚妻的信》;1901 年,有散文作品《我的人生附言》;1902 年,有《最后一束诗》。1902

年,是雨果的百岁冥寿,老人没有"死",还在出版作品,送给自己《最后一束诗》。

雨果为还有更多的作品来不及写而遗憾。1874年,他曾对朋友说:"半个世纪以来,我用散文,用诗歌表达我的思想,但我感到,我只说出了我所想到的千分之一。"①雨果的两个遗嘱执行人,奥古斯特·瓦克里于1895年逝世,而保尔·默里斯虽然享年85岁,为大师身后做了很多事情,也于1905年驾鹤西去了。

雨果从登上浪漫主义盟主的地位后,一直是个有争议的作家。且不说圣伯夫出于个人恩怨,对雨果先褒后贬。巴尔扎克对《埃尔那尼》颇有微词②。歌德视《巴黎圣母院》是一部"令人反感,没有人性的艺术作品"③,不能卒读。海涅讥讽雨果"是个利己主义者,说得更坏些,是个雨果主义者"④。1906年,高尔基访问法国,又盛赞雨果是法兰西"荣誉桂冠上一颗熠熠生辉的钻石"⑤。

为雨果举行国葬时,法国工人活动家拉法格写下长篇的《雨果传说》,先是说"在这方面情况比较熟悉的法国资产阶级,在雨果身上发现了本阶级的本能、热情和思想的最完整最出色的人身化之一例"。结论是"雨果的一切都是广告"。拉法格认为突出的"广告"就是雨果的"国葬":"关于他后事的安排,在他善于演戏、十分富于机巧的花招的一生,是最高的成就。一切

---

① 莫洛亚:《雨果传》,第671页。
② 程曾厚编选:《雨果评论汇编》,第25—33页。
③ 同上书,第395页。
④ 同上书,第407页。
⑤ 同上书,第393页。

都权衡过轻重,一切都是预先计算好的,目的在于以简朴的举动来夸张他的伟大……资产阶级高度欣赏雨果的这些优点;集中一个文人身上,这些优点是十分难得的:既善于处理生活,又善于经营家产。他们在头顶殉道者的圆光,闪耀着光荣的异彩的雨果身上,认出了一个与他们同类的人……他们在雨果身上观赏自己,赞美自己,如同照镜子一样。"①

雨果自己对别人的攻击,已经见怪不怪:"我年轻的时候受到歌德的攻击,我年老的时候受到蒲鲁东的攻击。歌德是怀疑,蒲鲁东是否定。也的确,我是肯定,我肯定进步,而歌德则摇头;我肯定理想,而蒲鲁东则哈哈大笑。这些可怜的人。"②

我们曾在莫洛亚《雨果传》的"译本序"里说过:"历史对历史人物要作全身的体格检查……历史的检查是无情的,有时还是挑剔的。"③雨果诞生至今,已二百周年有余。雨果逝世至今,也过去一个多世纪。让我们随着历史的步伐,透过雨果身后的文学命运,看看评论家和研究家是如何为雨果进行检查的。

1885—1902 年

历史上攻击雨果最刻薄无情、又影响很大的人,叫比雷(Edmond Biré),他在雨果逝世前后出版三本书:1883 年出版《一八三〇年前的雨果》1891 年出版《一八三〇年后的雨果》和 1894 年出版《一八五二年后的

---

① 程曾厚编选:《雨果评论汇编》,第 205—215 页。
② 塞巴谢主编:《雨果全集》,"海洋卷",第 278 页。
③ 莫洛亚:《雨果传》,译本序,第 7 页。

雨果》。以后的雨果研究者提到比雷的名字,几乎都当做是偏颇和恶意的代名词。我们没有见到比雷的原书。我们在朗松的《法国文学史》里见到他的影响。

19世纪和20世纪之交的文学史家朗松(Gustave Lanson)对雨果的诗歌成就表示赞赏,对雨果的为人表示轻蔑。朗松肯定雨果"接受了共和及民主思想。这样,他抓住了他所需要的灵感,才能保持他的想象力,并成为三十年间一个民族的偶像"①。接着表示"他是位身强体健的工匠,力量永不枯竭,在政变后的八年中,他献出了三部杰出的诗集,从根本上体现了他的才华"。最后断言:"雨果全在这三部诗集中了。他以前所有的作品都包容在这三部诗集中,在此告终。他以后的作品,除了个别的例外,都是这三部诗集的重复或废渣。"②朗松的时代,一些雨果生活的旁证材料尚未公布,而这位大学教授也未必读过雨果的生活手记,却明确认为:"此人从道德方面来讲,相当平庸。他极其自负,始终追求人们对他的景仰,对'效果'如何一直耿耿于怀。他能做出任何低下的事来提高自己的声望,既不害怕、也觉察不到自己的可笑。……这是位伟大的艺术家,灵魂却市侩习气很浓。他工作勤勉,生活有条不紊,为人吝啬,尤其是因为气质上的某种粗俗,强烈的乐观精神和会猝然而发的火气,很像老百姓。他喜欢玩弄文字游戏,骂街的话层出不穷。总之,天性平庸而又倔强,而最突出的是过分的利己主义。"③

---

① 程曾厚编选:《雨果评论汇编》,第273页。
② 同上书,第281页。
③ 同上书,第282页。

朗松的《法国文学史》于1894年初版。遗憾的是，我们在1922年的版本中读到朗松为第9版写的"自我修正"："我觉得今天有必要对这种描述做出修正。原来的描述是在比雷此人狡猾而又有根有据的指责的影响下写出来的。近年来发表的文献，特别是书信，一般来说转而对维克多·雨果的性格有利。……我在他身上越来越多地发现出一些使我震惊、使我感动的东西。"①一部文学史家的大手笔，时隔仅十年有余，便要如此修正，文学史是严肃的事情，何必下笔如此匆忙，不过这也证明比雷的影响确乎很大。

20世纪30年代，文学史家蒂博代(Albert Thibaudet)的《一七八九年至今的法国文学史》是他逝世后立即出版的遗著。他也偏执地认为，雨果1860年后是"无用的年代"："神奇的年代大致到1860年结束。雨果余下生活的四分之一世纪，对他的威信和声誉有用，对他的名声有用，而不在于他的作品。他人在，他有分量。如果他死于1860年前后，死于流亡中，身后留下几乎今天的全部诗歌作品，如果1885年的国葬成为1870年的骨灰回国，雨果死后回来，共和国已在，就在他活着回来的时候，坟墓实现了泽西岛的誓言，他今天还会有敌人吗？"②蒂博代对《凶年集》不屑一顾，对雨果的晚年很有抵触情绪。

到1902年《最后一束诗》的出版，雨果遗著的出版工作初步告一段落。但是，从1885年到1902年，雨

---

① G. Lanson: *Histoire de la Littérature française*, Hachette, 1922, p. 1051.

② A. Thibaudet: *Histoire de la Littérature française de 1789 à nos jours*, p. 176.

果盖棺后并没有论定。

　　1885年,作家莫里斯·巴雷斯(Maurice Barrès)23岁。他在小说《离乡背井的人》(Les Déracinés)中对雨果6月1日的国葬,有一段冷峻的回忆:"这些孩子们,这些飘动的黑纱,这大片无边无际如潮水般冲击着巍峨的凯旋门的崇拜者,一切都似乎要以小人物的努力来挽留一位伟人。"① 而罗曼·罗兰19岁,他在《老奥尔甫斯》一文中有一段热情的回忆:"而在这片欢乐气氛中,在这盛大的仪式里,在这些欢天喜地的妇女,这些读者和名流,这一堆堆鲜花和花圈,这些纹章中间——一个空荡荡的地方,里面是一辆穷人用的柩车,光光的,黑黑的,仅有两只小小的白玫瑰花圈。死者。最后一次的对比手法。"②

　　雨果一死,立即有人攻击雨果是一个没有思想可言的作家。夙敌弗约(Veuillot)宣称:"《传说集》的诗人经常使我们的想象力着迷;他本人很少思想,也影响不了我们的思想……"③ 与之针锋相对的反击,最好的莫过于哲学家勒努维埃(Renouvier)1900年写了一本书,书名有意题为《哲学家雨果》(Victor Hugo le philosophe)。

　　雨果诞辰一百周年,服膺雨果的声音从各处传来。作家于斯曼斯(Huysmans)1902年回应左拉对雨果的攻击:"19世纪出现一些了不起的才子,巴尔扎克,福

---

① 程曾厚编选:《雨果评论汇编》,第292页。
② Romain Rolland: le Vieux Orphée, « Europe », numéro spécial, février-mars 1952, p. 26.
③ Claude Gély: Hugo et sa fortune littéraire, Ducros, 1970, p. 77.

楼拜……但只有雨果有天才。"①1887年，评论家勒梅特尔（Lemaître）发表过一篇"论战性文章"《为什么是他？》，对雨果身后"非他莫属"的光荣地位表示不服。②1902年，同一个勒梅特尔在15年后幡然悔悟："我深深地钦佩雨果。我从前对他的作品有时有失公允；好吧，我宣称：今天，我毫无保留地钦佩他的作品。"③

与此同时，一些专家学者避开争论，开始客观地研究雨果的创作。我们可以举出：1894年布吕纳介（Brunetière）的《十九世纪抒情诗的演变》（"雨果后期的创作手法"一章），1900年法盖（Faguet）的《法国文学史》等。

1856年，雨果在一则手记中写道："你们可知道我的抱负是什么？在流亡中死去，和在20世纪的门槛上有我的雕像。"④雨果的前一半抱负没有实现，他没有在流亡中死去，但他的后一半抱负成了事实。

1902年，忠心耿耿的保尔·默里斯已经82岁。他为雨果，也为后世，做了一件好事：创建雨果故居纪念馆（Maison de Victor Hugo）。早在1901年6月21日，默里斯托亲属向巴黎市议会提出建议："我向巴黎市提出把雨果的故居献给法国。……我们可以在馆内集中他的五百多幅绘画……纪念馆的一间展厅里有他手刻和手绘的装饰：翎毛，花卉，神兽，人物，趣味盎然，十分难得。……我们会给纪念馆增添根据他诗歌、小说和剧作创作的一组油画和绘画……最后，乔治和

---

① Claude Gély: *Hugo et sa fortune littéraire*, p.78.
② 程曾厚编选：《雨果评论汇编》，第262页。
③ Claude Gély: *Hugo et sa fortune littéraire*, p.82.
④ 塞巴谢主编：《雨果全集》，"海洋卷"，第274页。

让娜会在雨果故居里复原他在艾洛大街的卧室。这将是他在巴黎居住时间最长的寓所，从1833年到1848年，这是浪漫主义时期的寓所，是他写下主要剧作的家，是他展开重要战役的家，便是王家广场六号的家。"①

1902年2月26日，雨果生日，上午十点，国家各部门、各学术团体的代表，聚集先贤祠，举行仪式，纪念雨果诞辰一百周年。是日下午，巴利阿斯（Barrias）的雨果雕像揭幕。故居纪念馆因为搬迁工作延期，到3月2日开馆。三年后，忠心耿耿的默里斯离开了人世。

我们知道："雨果故居"今天是巴黎市政府下属的作家故居纪念馆，那间"有他手刻和手绘的装饰"的展厅，在三楼，便是"中国客厅"，而当年的"王家广场"，今天已经更名为"孚日广场"。

今天的"雨果故居纪念馆"，是巴黎最大、也是最重要的法国作家故居，是传播雨果作品和思想的大本营，向公众开放，尤其向学生开放。除国立法兰西图书馆外，"雨果故居纪念馆"拥有最多的雨果绘画和手稿，拥有一间雨果研究图书馆，向研究者开放。"雨果故居纪念馆"是集参观、教育和研究功能于一体的纪念馆。最近十多年来，纪念馆组织了一系列大型的雨果专题展览会，受到广大公众和专业人员的欢迎。

1902—1935年

保尔·默里斯继创办雨果故居纪念馆后，开始出

---

① *Maison de Victor Hugo*, *guide général*, 1993, p.4.

版20世纪的第一套《雨果全集》,史称国立印刷所版《雨果全集》(de l'Imprimerie Nationale),凡45卷,至1952年方才出齐。

20世纪初年,法国上流社会仍以谈论雨果为时髦。普鲁斯特(M. Proust)的《追忆似水年华》中,诗人雨果常常是沙龙贵夫人的谈资。盖尔芒特公爵夫人可以背诵《秋叶集》中的《致一位旅行者》的诗句。①1910年,诗人贝玑(Charles Péguy)著《维克多-玛丽·雨果伯爵》(*Victor-Marie, Comte Hugo*)一书恭恭敬敬地研究雨果。

第一次世界大战结束,年青一代的诗人战后醒来,一个个登上《醉舟》,迷上了兰波。雨果成为遥远的景象。但是诗人瓦雷里(Paul Valéry)认为:"60余年间,这个异乎寻常的人每天从五点到中午,扑在工作上!……他写下10万或20万行诗,借此不间断的练笔,培养了一种奇特的思维方式,一些肤浅的评论家可以爱怎么评论就怎么评论。可是,雨果在其漫长的一生中,对自己的艺术永不疲倦地自我完善,自我充实;大概越来越失之于不加选择,越来越失却分寸感……不过,在他一生的晚年,有多少神奇的诗句,在广度上,在内部结构上,在音韵铿锵和在丰满上,有多少任何诗句无从比拟的诗句。"②瓦雷里在别处还有此类景仰雨果诗歌成就的意见。

超现实主义作家安德烈·布勒东(André Breton)在1924年的《超现实主义宣言》中说:"雨果在不蠢的

---

① Claude Gély: *Hugo et sa fortune littéraire*, Ducros, 1970, p. 85.
② Ibid., p. 94.

时候,是超现实主义者。"① 超现实主义大师的这句话有助于年青一代对雨果诗歌新的探索,新的研究。加上古斯塔夫·西蒙(Gustave Simon)1923 年出版《泽西岛的灵桌》(les Tables de Jersey),研究雨果的灵桌实验。大家发现雨果在他流亡时期的诗歌中,是一位幽魂诗人,是一个幻视者,并且先于《醉舟》的作者兰波,已经发现幻视的途径。这一发现的意义非同小可。加布利埃尔·布努尔(G. Bounoure)1936 年出版《雨果的深渊》(Abîmes de Victor Hugo),继续这方面的研究。超现实主义在文学史和艺术史上的一大贡献,是发现了一些被传统标准忽视的作家和作品。

接着,专家学者开始从新的角度阅读和研究雨果的主要作品,以求对"文本"有新的认识。保尔·贝雷(Paul Berret)率先出版评注版的《历代传说集》,约瑟夫·维阿内(Joseph Vianey)出版评注版的《静观集》,贝雷又出版评注版的《惩罚集》。接着,雨果的其他诗集,其他剧本和小说,都陆续得到重新整理和研究。

现在,除了个别情况,如乔治·巴多(Georges Batault)1934 年出版攻击性的小册子《夸夸其谈的祖师爷》(Pontife de la démagogie)②,越来越多的研究重在认识,轻于攻评,重在理解,轻于评判。这对雨果研究是一个新的阶段。蒂博代的《一七八九年至今的法国文学史》既无热情,也无苦涩,只是见证:"正如高乃依的一代曾使龙沙失去光彩,这一代作家也应该使雨果失去光彩,但到 1935 年,我们应该承认,这一代作

---

① André Breton: *Manifestes du surréalisme*, Gallimard, 1969, p.38.
② Claude Gély: *Hugo et sa fortune littéraire*, Ducros, 1970, p.98.

家也应该承认,唉!他们没有使雨果失去光彩。"[1]时至40年代,精神分析家夏尔·博杜安(Charles Baudouin)完成《雨果的精神分析》(*Psychanalyse de Victor Hugo*),为雨果研究又打开了一个新的领域。

1935—1952 年

  法国人文科学的最高学府是索邦大学(今巴黎第四大学)。早在1925年,索邦大学已开设以雨果为主题的讲席,成为雨果研究的中心。以雨果为研究对象的学位论文日见增多。同时,外国的大学也展开雨果研究。1941年,牛津大学有赫伯特·J.亨特(Herbert J. Hunt)的《十九世纪的史诗》(*The epic in the nineteenth century*),1945年,剑桥大学有埃利奥特·格兰特(Elliott Grant)的《维克多·雨果的一生》(*The career of Victor Hugo*)。至50年代初,亨利·吉伊曼(Henri Guillemin)和让-贝特朗·巴雷尔(Jean-Bertrand Barrère)的研究引人注目。皮埃尔·阿尔布伊(Pierre Albouy)对雨果的研究工作也即将开始。

  亨利·吉伊曼从1942年起,留心国立印刷所版《雨果全集》未曾使用过的雨果手稿,陆续整理出版1951年的《碎石集》(*Pierres*)、《个人的回忆》(*Souvenirs personnels, février 1848—décembre 1851*)、《私人手记》(*Carnets intimes, 1870—1871*)、《日记》(*Journal, 1830—1849*)等,受到读者的注意,引起读者对雨果不为人知的一面发生兴趣。1951年,吉伊曼在"门槛"出

---

[1] A. Thibaudet: *Histoire de la Littérature française de 1789 à nos jours*, p.177.

版社出版通俗性的评传《雨果谈雨果》(*Victor Hugo par lui-même*)(《不朽作家丛书》第一种),展示雨果生活和创作中丰富多彩的一面。吉伊曼的不足,是有时从小处着眼,工作粗糙,缺乏严谨。但吉伊曼的功绩在于唤醒公众对雨果新的兴趣。

巴雷尔 1949 年出版专著《维克多·雨果的幻想》(*la Fantaisie de Victor Hugo*)第 1 卷,正面论述雨果的创作和生活,学识渊博,立论扎实,阐发透彻。40 年代开始,新版的雨果诗选都突出了雨果作为幻视诗人的作品。其中,莫罗和布杜(Moreau et Boudout)编选的两卷本《雨果诗选》,值得称道。

1952 年,雨果诞辰 150 周年。克洛德·罗阿(Claude Roy)的《雨果作品见证录》(*La Vie de Victor Hugo racontée par Victor Hugo*)是雨果作品中自传性片段的汇编。诗人阿拉贡(L. Aragon)出版《你读过雨果的诗吗?》(*Avez-vous lu Victor Hugo?*),表示今天读诗人雨果应有新的标准。经过半个世纪的努力,雨果的传记和回忆资料已经相当丰富。我们发现,1952 年后雨果研究中呈现出来的雨果形象,和半个世纪前相比,已经大为改观了。雨果新的形象,新的面貌,对读者有新的吸引力。又一批没有发表过的作品,经过专家学者的整理,开始为世人所认识。旺扎克(Géraud Venzac)1952 年出版雨果青少年时期的《法语诗三册》(*Trois cahiers de vers français*)(1815—1818),1963 年,戈东(Jean Gaudon)在雨果故居纪念馆发现该馆珍藏的雨果写给情人朱丽叶的情书。

50 年代后,雨果研究界出现一对珠联璧合的高手:贝桑松大学的教师纪·罗贝尔(Guy Robert)和勒内·儒尔内(René Journet)。他们合作对雨果的手稿进行细致入微的研究、分析和鉴定,使雨果著作的文本研究达到一个新的水平。有人说这是对手稿进行"分子层面"的研究,有人说这是在显微镜下研究手稿。他们两人合作出版过有关《静观集》、《悲惨世界》等手稿以及相关资料的校勘研究著作。他们出版过诸如评注版的《梦之岬角》等。这是专家为专家所做的研究,对普通读者的阅读可能没有实际意义。我于1988年12月拜访当年还健在的儒尔内先生。他告诉我的体会是:"天才即使是在细节上,也仍然是天才。"儒尔内先生赠我们评注版的《上帝集》,全三册,可惜我们入门不深,暂时不能充分利用。

1952—1985年

时至70年代,我们看到,有关雨果的研究和著作,表态性的一家之言几乎绝迹,代之而起的是专家的研究成果,是新版的雨果著作。现在,几乎所有的雨果重要著作,诗歌,小说,戏剧,都有专家考订和注释的研究版。例如,阿尔布伊为伽里玛出版社"七星丛书"编校的三卷本《雨果诗歌作品》(*Victor Hugo, Oeuvres poétiques*),收入雨果生前发表的诗作,也收入《法语诗三册》,既供阅读,也供研究,只是没有收入雨果晚年和逝世后出版的诗歌作品。

从50年代至70年代,索邦大学是法国雨果研究的主要基地,经过巴雷尔的推动,培养出一批日后成为雨果研究中坚力量的专家,如1963年阿尔布伊完成《雨果作品中的神话创造》(*La Création mythologique chez Victor Hugo*),1969年戈东完成《静观的时代》(*le*

Temps de la contemplation），而克洛德·热利完成《内心生活的诗人雨果》(Victor Hugo, poète de l'intimité)，其他还有雅克·塞巴谢(Jacques Seebacher)、皮埃尔·若热尔(Pierre Georgel)、安娜·于贝斯菲尔特(Anne Ubersfeld)、纪·罗萨(Guy Rosa)、伊夫·高安(Yves Gohin)、阿尔诺·拉斯泰(Arnaud Laster)等人。

这个时期雨果研究的一大收获，是由历史学家让·马森(Jean Massin)主编的《编年版雨果全集》。20世纪70年代后，从事雨果研究的人多了一件宝贵的工具，这便是《编年版雨果全集》(Victor Hugo, Oeuvres Complètes, édition chronologique)，由法国读书俱乐部(le Club Français du Livre)出版，共18卷，1967年出版，1970年出齐。

《编年版雨果全集》的特点是"编年"，不以类型编排，而以出版的时间前后排序。凡是雨果自己生前出版的作品，以作品的出版年代排序。《编年版雨果全集》前16卷是文学作品，最后两卷是绘画作品。作家全集收两卷绘画，这是史无前例的。主编马森本人并非大学教授，事实上也没有出版过研究雨果的专著。但是，马森邀请了35位公认的雨果专家，几乎人人都是权威，人人都有分量很重的研究专著。

马森请这些专家为每一卷作品写富于学术性的研究论文或研究心得，请这些专家为雨果的每一部作品写"介绍"，并提供必要的注释。如果把这35位专家的研究论文辑成一本集子，另行出版，则无疑是一部学术水平一流的雨果研究论文集。

《编年版雨果全集》每卷在雨果作品后，列出"文件夹"(portefeuille)一栏，收雨果已经写成的章节或诗篇,但没有收入某一部作品,而是留待后用,据说里面藏有惊喜。

《编年版雨果全集》在雨果作品后,列出"资料夹"(dossier)一栏,收集和雨果生活相关的资料,包括亲友论及雨果生活的资料,包括图片、书信、手记、手册和日记等。我们看到几乎雨果所有家人的回忆文字:妻子阿黛尔·雨果的《雨果夫人见证录》(Victor Hugo raconté par un témoin de sa vie);女儿阿黛尔·雨果的《流亡日记》(Journal de l'exil);长子夏尔·雨果的《过路人在雨果家做客》(Chez Victor Hugo, par un passant...)和《雨果在泽兰》(Victor Hugo en Zélande);孙子乔治·雨果的《我的祖父》(Mon Grand-père)。此外,有《泽西岛灵桌招魂的原始笔录》(Procès-verbaux des séances des tables parlantes à Jersey)。

"资料夹"中的"书信",是《编年版雨果全集》中唯一不全的内容,但经过筛选,更加浓缩,更加集中,数量很大,既有雨果写的信,也有写给雨果的信。《朱丽叶和雨果的通信》单独列出。

《编年版雨果全集》在作品后,列出"共时年表"(tableau synchronique),用红、绿、黑三色印刷,红色表示雨果的作品创作,绿色表示同时代相关的重大事件,黑色表示雨果的个人生活。

此外,每一卷有"历史概况"和"人名索引"等等。

《编年版雨果全集》是一套取用不尽的雨果作品和雨果资料的宝库。缺点之一:对于不熟悉雨果作品和生活的读者,会感到不知道从何入手。缺点之二:对于普通读者,雨果作品的注释太少。

进入80年代,索邦大学作为雨果研究中心的地位逐渐移至巴黎第七大学,由阿尔布伊在索邦大学创立的"大学校际雨果研究会",经过塞巴谢和纪·罗萨的继承,现已成为"雨果研究会"(Groupe Hugo)。"研究会"以巴黎地区的大学雨果专家为主,吸收各校作雨果学位论文的研究生,也和国外的一些教师保持联系。

今天,"雨果研究会"是巴黎第七大学"19世纪文学和文明教研组"的附属机构。我们1988年初次接触"雨果研究会"时,当时使用的名称是"大学校际雨果研究会"(Groupe interuniversitaire de travail sur Victor Hugo)。最早,由阿尔布伊(Albouy)教授在巴黎索邦大学于1969年创立。1975年,雅克·塞巴谢(Jacques Seebacher)教授重组,会址改在巴黎第七大学。从1990年起,"雨果研究会"的具体工作由纪·罗萨(Guy Rosa)教授主持,称研究会的秘书长。2006年年底,由更年轻一代的克洛德·米莱(Claude Millet)教授(女)主持。

"雨果研究会"每月聚会一次,时间是当月最后一周的星期六上午,聚会地点在巴黎第七大学的"19世纪图书馆"。参加者主要是法国各大学从事雨果研究的教授、教师和准备写关于雨果的论文的在读博士生和硕士生。每月的例会上,先是与会者交流法国乃至国外的雨果信息,从新书出版,剧作上演,以及学术讨论会和展览会,到各类大大小小的新闻,面广量大,而且都是即时信息,十分精彩。接着是一位有准备的发言者,就自己的雨果研究作专题发言,事先已经通报,通常撰写成文。发言后,与会者展开现场讨论。会后,有专人整理成"会议纪要"。"会议纪要"以前是打印稿,分寄各成员。现在主要以电子邮件形式发给各成员。

"雨果研究会"成立后的一大贡献,是在塞巴谢教授主持和罗萨教授协助下,全国26位雨果研究专家通力合作,于1985年出版一套新的《雨果全集》,由罗贝尔·拉封出版社(Robert Laffont)出版,列入《老书丛书》(les Bouquins)。塞巴谢主编的《雨果全集》,计划出版16卷:三卷小说,四卷诗歌,两卷戏剧,一卷政论,一卷历史散文,一卷评论,一卷游记,一卷"工地",一卷"海洋",一卷索引。"工地卷"(Chantiers)是雨果几部已经出版的重要作品的"编余"或断片材料的整理和介绍,如《巴黎圣母院》、《撒旦的结局》、《上帝集》、《悲惨世界》、《林园集》等,集体编辑,于1990年出版。"海洋卷"(Océan)集雨果不成文的片段散文或诗句,由儒尔内审定,1989年问世。遗憾的是,对雨果研究十分有用的"索引卷",至今没有出来。这套《雨果全集》的一个特点是普及版,售价非常便宜。例如,"诗歌卷"的"第三卷",全书1552页,1985年售价120法郎,相当于当时的人民币120元。

在刚刚过去的100年,我们有了三套具有学术价值的《雨果全集》,我们有了雨果主要作品的评注版,我们有了数量巨大的专著和专题论文。此外,我们也有了雨果本人的书信和手记,除1864年出版的《雨果夫人见证录》外,我们也有了雨果儿子、孙子的回忆文字,我们有了朱丽叶写给雨果的18000封情书,我们还有雨果女儿阿黛尔留下的两大册流亡时期的日记。

据我们所知,让·戈东主编的规模仅次于《伏尔泰通信集》的大型《雨果通信全集》早已经编完,可惜由于出版社方面的原因,迄今只有前两卷出版。我们

2000年拜访皮埃尔·若热尔,他表示他的《雨果绘画作品研究总目》会于2002年最后完成。

研究著作的出版,研究水平的深入,研究专家的成长,研究专题的分工,都说明雨果没有过时,雨果在当代是具有现实意义的经典作家。

1985—2002年

1985年,雨果逝世100周年。法国全国纪念整整一年。1985年,由法国文化部牵头,组织"雨果年","雨果年"由法兰西总统密特朗挂帅,"顾问委员会"的成员以政治家为主,专家学者为辅,从参议院议长、众议院议长开始,包括司法部长、教育部长、外交部长、文化部长、联合国教科文组织总干事,以及雨果生活过的所有国内外城市的市长,等等。

法国文化部在国立大王宫美术馆(Galeries nationales du Grand Palais, Paris)举办盛大的"雨果光荣展"(la Gloire de Victor Hugo),同时,国立法兰西图书馆在大王宫美术馆对门的小王宫美术馆(Musée du Petit Palais)举行"墨的太阳——雨果手稿展"(Soleil d'Encre)。这是雨果作品和思想大普及的一年。也是从1985年开始,雨果在法国政府职能部门的"户口",从教育部转到文化部。

1985年的"雨果光荣展"出版展览目录《雨果的光荣》(La Gloire de Victor Hugo),学术负责人是皮埃尔·若热尔。法国从无一个作家独霸大王宫美术馆的先例。从此,雨果开始了享受现代意义上的大型展览的殊荣。每次展览,出版"展览目录"。而"展览目录"远不是为了方便参观者在现场的参观。大型展览的展览目录是一册图文并茂的学术专著。尤其可贵的是,一般书籍出版后可以在书店里买到,而"展览目录"在展览结束后会"踏破铁鞋无觅处",有钱也再难买到。先说展览目录《雨果的光荣》,法国全国总动员,27个城市的博物馆提供展品,其中巴黎一地又有30家单位积极参与。此外,阿根廷、澳大利亚、比利时、丹麦、美国、意大利和日本都有展品出借。展览会搜罗到的雨果纪念实物数量之多,内容之奇,令人匪夷所思。"雨果的形象"一栏,有将近40篇内容;"雨果作品"一栏有30篇内容。《雨果的光荣》大开本840页,重两公斤。我们可以毫不夸张地说,《雨果的光荣》是一部有图片佐证的雨果百科全书。

随着"雨果光荣展"的举办,随着展览目录《雨果的光荣》的问世,开启了一个新的时代,这是为雨果举办大型或专题展览、出版大型和专题的展览目录的时代。

1985年,法国外交部委托让·戈东教授组织大型巡回的图片展览:"伟大的作品,伟大的事业"(*Grandes Oeuvres, Grandes Causes*),纪念册由特制的厚纸36页组成。据说共印刷1000套,法国国内使用800套,向国外提供200套。"伟大的作品,伟大的事业"在全国各大公共场所展出,包括机关学校,乃至地铁车站,以普及雨果的作品和雨果的事业。我们从展览内容看,法国人民是通过"伟大的作品,伟大的事业"获知雨果是个画家的。第一次把作品和事业相提并论,使雨果的形象跳出了传统的作家范畴。戈东的展览体现出半个多世纪以来雨果研究的新成果,也是雨果研究专家的研究成果部分地向广大公众公布的窗口。雨果的绘画、《上帝集》和《撒旦的结局》等以往属于学者的兴趣范畴,现在摆在了广大公众的眼前。雨果的形象,不同于1902年,也不同于1952年。2002年,我们有幸在广东美术馆,第一次以法文和中文两种文字,向中国公众展出完整的"伟大的作品,伟大的事业"。

2002年,法国迎来雨果诞辰200周年的纪念。又是整整一年的全国纪念。这是法国包括莫里哀在内的任何作家没有享受过、也不敢奢望的礼遇。难怪有人说起雨果:"如此大名鼎鼎,如此反复纪念。"("si célèbre et si célébré")1985年至2002年,仅仅相隔17年,为同一个作家,举办两次整整一年的全国纪念,这在法国历史上是绝无仅有的。这样的荣誉,且不说作家和艺术家,连拿破仑都没有享受过。我们甚至怀疑,1885年的雨果国葬,1985年的"雨果年",2002年的雨果诞辰全国纪念,都大大超出了对一个作家纪念的范围,而成为某种历史事件,而三次历史事件集中在一个作家身上,不仅要从文学和文化的角度,更要从历史和政治的角度,加以理解,加以总结。我们甚至怀疑,法国人以后还会有这样的疯劲儿吗?

1988年访问"雨果研究会"时,秘书长罗萨教授说:经过这次纪念,雨果研究专家的知识积累已全部用完,需要自己好好充电。对,一次盛大的全国性纪念活动,需要以研究作为基础。没有学术保证的纪念,岂非放放空炮而已。转眼间,到了2002年。法国从1月1日起,隆重纪念雨果诞辰200周年。难以置信的事情发生了,难以置信的事情来临了。2002年,似乎没有全国规模的"雨果纪念委员会",没有全国官方人士倾巢而出的长长的名单。不过,法国文化部、法国档案馆

(Direction des archives de France)和全国纪念局(Délégation aux célébrations nationales)编印的《雨果二百周年诞辰纪念活动》(Manifestations du bicentenaire de la naissance de Victor Hugo),包括法国和国外的纪念活动和演出,包括图书和音像制品的出版,竟是一本171页的册子。

2002年,国立法兰西图书馆举办"雨果是大海"(Victor Hugo, l'homme océan)展,规模盛大。我们知道,雨果生前立下遗嘱,把自己全部手稿和画作捐赠给国家图书馆。展品目录《雨果是大海》(Victor Hugo, l'homme océan)以国立法兰西图书馆的全部馆藏作为基本内容,搜罗丰富,具有很好的学术价值。《雨果是大海》也是图文并茂,重量超过一公斤。以重量介绍图书,可笑之至。不过,用重量介绍严肃的出版物,也会给人一点具体的印象。

早在2000年,巴黎雨果故居纪念馆举办"笔下混沌"雨果绘画展。由专家学者主持和撰稿的展品目录《笔下混沌》(du chaos dans le pinceau...),开本和重量与《雨果是大海》相同。我们注意到,自从莫里纳利夫人(Danielle Molinari)接任雨果故居纪念馆总馆长的职务以来,雨果故居从日常的普及教育,到为重要纪念活动举办展览,显出生气勃勃的景象。"笔下混沌"展是迄今雨果绘画的最新、最全、最权威的大型展览。"笔下混沌"以来,雨果故居于2002年举办"望星星"展(Voir des étoiles),这是一次雨果戏剧展,是关于雨果戏剧创作和舞台演出的最新、最全的总结。2006年,故居举办"朱丽叶·德鲁埃"(Juliette Drouet,

"Mon ame à ton coeur s'est donnée")大展,这是对雨果和朱丽叶两颗灵魂结合半个世纪的回顾和展示,被一些雨果研究专家誉为近年来最美丽的一次雨果展览。关于雨果的大型学术性展览逐渐成为习惯。今年已经预告:2008年10月10日,"《悲惨世界》,陌生的小说"(Les Misérables, un roman inconnu)展览将在雨果故居揭幕,展期约为四个月。我们期待会有新的惊喜。

2000年,雨果诞辰200周年前夕,法国成立"雨果之友学会"(Société des Amis de Victor Hugo)。这是由学者主事而面向广大雨果读者的民间组织,每年出版一期《雨果之声》(L'Echo Hugo)会刊。在大学和研究部门之外,热爱雨果的各界人士,是一支实力和活力不容小看的队伍。目前雨果之友学会的名誉会长是小说家布托尔(Michel Butor),会长杜阿梅尔(Antoine Duhamel),有两位副会长:拉斯泰(Arnaud Laster)和普香(Gérard Pouchain),秘书长是加西利亚-拉斯泰(Danièle Gasiglia-Laster)。近年来,雨果之友学会的活动渐次展开,在英国设立学会代表。学会每年年初组织一次普及性的节庆活动,取名"雨果和同辈"(Hugo et Egaux),2008年年初的这次活动,主题是"雨果和伏尔泰"。

罗曼·罗兰1935年说得很俏皮:"有多少评判过他的活人已经死了,而他死后却还活着,却还在'变化'着!有人否定他,有人激烈地讨论他,只是继续证明他的存在。不论是诋毁他,也不论是颂扬他,雨果不会、将永远不会得到'休息!'……这老人的名字和思想正飘扬在前进的大军的军旗之上。"①1935年至今的历史,继续证明罗曼·罗兰的预言。雨果老人不老,似乎没有老态龙钟的样子。

  可是,研究雨果的人却没有这份幸福。学者都是凡人,他们有生老病死。从20世纪初,到1985年,已经走过了几代人。我们不无遗憾地看到,即使1985年名列"全国雨果纪念委员会"名单的专家学者,也在一一走出我们的视线。"全国雨果纪念委员会"主席、《编年版雨果全集》的主编让·马森已经逝世,我们1988年专诚拜访的儒尔内,1989年编辑完成《雨果全集》的最后一卷"海洋卷"后,也离开了我们。今年,2008年4月18日,第三套《雨果全集》的主编塞巴谢教授也仙逝了。第三套《雨果全集》的另一位主编罗萨教授,近20年来是"雨果研究会"的秘书长,去年宣布放下担子,交由克洛德·米莱(Claude Millet)女士接任。今天,由米莱主持的"雨果研究会"上,我们熟悉的脸少了,更年轻一代的雨果研究专家正在成长起来。

---

① *Le Vieux Orphée*, « *Europe* », numéro spécial, février-mars 1952, p.17.

未名讲坛

(第一辑)

蒙培元讲孔子
杨国荣讲王阳明
曹卫东讲哈贝马斯
朱高正讲康德
莫伟民讲福柯
杨大春讲梅洛-庞蒂

(第二辑)

蒙培元讲孟子
赵敦华讲波普尔
邓晓芒讲黑格尔
欧阳哲生讲胡适
尚杰讲狄德罗
高旭东讲鲁迅
汪堂家讲德里达
高宣扬讲拉康
程曾厚讲雨果
柳鸣九讲加缪
叶廷芳讲卡夫卡
王家新讲帕斯捷尔纳克
刘洪涛讲劳伦斯